未来の授業
私たちのSDGs
探究BOOK

監修／佐藤真

編集協力／認定NPO

JN229301

はじめに

未来をよりよいものにしたい。
これは、年齢や性別や国や人種を超えた、全世界みんなの願いです。

ところが現在、人類はこれまでになかったようなたくさんの課題に直面しています。貧困、気候変動、不平等、格差、生態系の異常など、みなさんも暗い未来の話をよく耳にするのではないでしょうか。
そんな世界を変えたい、未来をよりよいものにしたいという思いから生まれたのが「SDGs（エス・ディー・ジーズ）」です。SDGsとは2030年に向けて、世界の解決すべき課題を17にまとめた、全世界共通の目標です。

世界と言われると果てしなく広い空間の、果てしなくたくさんの人たちにかかわることで、自分のこととして考えるのが難しいかもしれません。そのためこの本は、今日本で起きている課題を理解しながらSDGsについて学べるものになっています。SDGsを少し身近なものとして感じてもらえるのではないでしょうか。

すでに、日本のあらゆる地域で、たくさんの団体や企業や子どもたちが実際に行動を起こしています。この本ではそういった事例もたくさん紹介しています。本書が、みなさんが生活するなかで、具体的に何をすればいいのか、何を考えればいいのか、そういったヒントになればうれしく思います。

この本は、企業、NPO（エヌピーオー）、自治体、教育関係者、クリエイター、あらゆるジャンルの方々の協力を得て完成することができました。取材・制作に協力してくださいましたすべてのみなさまに、心から感謝申し上げます。

株式会社宣伝会議（せんでんかいぎ）

「SDGs」(持続可能な開発目標)って聞いたことがあるけれども、
英語だから、世界のことだから、自分には関係ないって思っていませんか?

SDGsは、大きな国も小さな国も、企業もNPO／NGOも学校も、友だちも家族も地域住民も力を持ち寄り、よりよい未来をつくろうという国際プロジェクトです。地球上にある豊かな自然や資源を未来に残し、誰一人取り残すことなく幸せに暮らせる世界をつくるために、世界中の人たちが取り組んでいます。

けれども、SDGsで言われている17の目標がなかなか自分ごととして捉えることが難しいと思っている方も多いかと思います。この本『未来の授業 私たちのSDGs探究BOOK』は、国連が発表した世界の目標「SDGs」と、日本の227のプロジェクトから抽出された「課題解決中マップ」を関連づけた、世界と日本をつなぐ「グローカル教材」です。さらには、SDGsの理解をさらに深める「探究型教材」として、「私の行動」、「私たちの協働」へとつなげる「実践型教材」として位置づけています。

インド独立運動の父と呼ばれるマハトマ・ガンディーは、「Be the Change You want to See the World」と述べ、地球に住む一人ひとりが自分ごととして社会の問題を捉え、変化の担い手になることの重要性を指摘しました。ぜひ、本書を通してさまざまなアイデアと取組事例にふれ、変化の担い手として、これからのみなさんのチャレンジに生かしてください。この本は、企業、自治体、学校の先生、国際協力団体、NPO／NGO、大学、クリエイター、デザイナーなどの多様な力を持ち寄りつくられました。このすばらしい国際プロジェクトに参加をして、一緒によりよい未来をつくっていきませんか。

東京都市大学大学院 環境情報学研究科 教授
佐藤真久

目　次

第1章

第2章

第3章

みんなのアクションで未来は変えられる！ SDGs チャレンジ ストーリー

とあるまちで起こった不思議なできごと。2030年の未来は、今のような快適な世界じゃなくなっているかも？みんなが幸せに暮らせる未来をつくるにはどうしたらいいか、4人の子どもたちの挑戦をのぞいてみよう！

のぞみ
2030年の世界で生活する、ファッションの流行に敏感なおしゃれさん。普段は大人しいが、思ったことはハッキリと言う性格。

アレックス
アメリカ人の両親をもつ日本育ちの心優しい少年。大好物はお寿司。理論的に分析するのが得意で、プログラミングもお手の物。ちょっと臆病（おくびょう）。

ゆみ
何事にも前向きにチャレンジする性格。日本人とタイ人のミックスで、新しいアイデアを出すのが大好き。けんた・アレックスをまとめるお姉さん的存在。

けんた
とにかく直感第一で行動するタイプ。だれとでもすぐ仲良くなれるフレンドリーな性格だが、たまにでしゃばりだと思われることも。徒競走ではいまだ負けなし。

放課後、おしゃべりしながら歩くけんたとゆみとアレックス。クラスメイトの3人はいつも仲良し。この日もいつものように昨日見たインターネット番組の話で盛り上がっています。「あ〜、このままずっと子どもでいられればいいのに」。そんな楽しい毎日を3人は過ごしています。

学校の周りを散策していると、校舎のそばにある裏山にさしかかりました。すると、アレックスが叫びました。「なんだ、あの洞窟は！」。2人はアレックスが指さす方向を見ると、裏山に生い茂る木々の間に、大人がかんたんに入れるほど大きな洞窟があります。「洞窟がどこに続いているか、ちょっと入ってみよう」。けんたは目を輝かせながら提案します。

2人の答えを待たず洞窟の中にずんずんと入っていくけんた。しょうがなく思った2人はけんたの後を追います。洞窟の中は薄暗く、足音しか聞こえないほどしんと静か。アレックスはこわさのあまり、今にも泣き出しそうです。「もう戻ろう？」。ゆみの問いかけに耳をかさず、けんたは「あっ！出口が見えたぞ！」と光の方へ走り出します。

洞窟の向こう側に着いた3人はびっくり。目の前には、学校を出た時と同じ光景が広がっています。でも、さっきとは雰囲気が違います。校庭の草木は枯れ果て、川はごみであふれ、日本とは思えないほど猛烈に暑いのです。「なにが起きているんだろう……」。不安になった3人は校舎へと駆け出します。

3人は校舎に入りました。しかし先生もクラスのみんなも見当たらず、『地球を大切にしよう』などと書かれたポスターがやたら貼られた校舎内はがらんと静まりかえっています。ここはさっきまでいた学校なのか……。心臓がどきどきするのをおさえながら、「せんせー！みんなー！」と呼びかけて3人はむし暑い校舎内にだれかいないか探しまわります。

「だれもいない……」。アレックスは不安な言葉をつぶやきます。「どこかに隠れているだけだよ」。ゆみは強がりながら冗談っぽくアレックスをはげまします。一番上の3階まで来てしまった3人。いよいよあきらめようとしたその時、廊下に座り込んでいる子どもの姿が！

近づいてみると、そこにいたのは学校で見たことのない女の子。ゆみはおそるおそる「君はだれ?」と話しかけます。すると女の子はうつむいていた顔を上げ、「のぞみ……」と答えます。「なんで学校はこんな風になってしまったの?」とけんたが聞くと、のぞみは立ち上がり言いました。「学校だけじゃないよ! 2030年になって世界全体が変わってしまったの」。

「2030年!?」と3人は驚きます。そう、ここは2030年の世界。裏山の洞窟は未来の世界につながっていたのです。「今では海で魚はほとんどとれないし、暑すぎるから校庭で遊べなくなった。みんな昔の人たちのせいよ!」。のぞみは泣きじゃくります。「ぼくたち(私たち)のせいで……?」。3人は申し訳ない気持ちになりながらも、いまいちのぞみの言っていることが理解できませんでした。

夕方になり、外がだんだんと暗くなってきました。「どうしよう！早くもとの世界に戻らないと」。3人は急いで裏山の洞窟のところへ走ります。「ちょっと、どこに行くの！？」とのぞみは追いかけてきます。「ぼくたち、2020年の世界から来たんだ」とけんたは説明すると、のぞみは「うそでしょ！？」と驚きを隠せません。

補修されずデコボコになった道を必死に走り、裏山の洞窟の前に着いた4人ですが、ぼうぜんとしてしまいます。なんと、洞窟が木の根っこにおおわれてしまい中に入れないのです。「どうしよう、これじゃもとの世界に帰れない……」。今まで感じたことのないさびしさが急にこみ上げてきました。自然に涙がぽろり。

日も暮れてしまい、裏山の前にしゃがみこむ4人。おなかもぺこぺこです。不安な気持ちをまぎらわせようと、みんなで食べたいものを言い合います。「お寿司」「魚がとれないから無理」、「焼肉」「もう牛は飼育できない環境だから無理」、「じゃあ、なになら食べられるんだよ……」。疲れてしまった4人は眠ってしまいました。

「アレックス！ けんた！ のぞみ！ ゆみ！ 起きろ〜！」。びっくりして目を覚ますと目の前には、派手なファッションで気合い十分の大人の姿が。「ここは現代と未来の間にある"スキマの教室"。私は君たちに未来への道筋を探究するためのヒントを教える先生だ！」。4人はキョトンとしながら、お互いに顔を見合わせます。「またタイムスリップした？」「でも、未来をよくする方法を勉強できるんだ……」とそれぞれが状況を飲み込もうと必死です。

「ぼやぼやしているヒマはないぞ！さっそく、これを使って勉強だ！」と先生が取り出したのは1冊の本。「これは『SDGs探究BOOK』。2030年の未来を明るい世界にするためのヒントが書かれているんだ」。再び顔を見合わせる4人。未来の変わり果てた世界を知っているだけに、偶然だとは思えなかったからです。

配られた『SDGs探究BOOK』を手にした4人。「SDGs？これが未来を変えるためのヒントになるのか……」。不思議と4人には"魔法の本"に見えてきました。「SDGsを勉強して、ぼくたち（私たち）の手で未来を救うんだ……！」と4人は心の中で誓い、本を勢いよく開きます。

「未来の授業 私たちのSDGs探究BOOK」には、SDGsの基本的な情報のほか、SDGsに関する日本の社会課題や、社会課題を解決する地域の取り組みなどが掲載されています。とくに2・3章は調べ学習にもつかえます。みんなが幸せになる世界をつくるための"答え"を考えてみましょう！

第2章
私たちの身近な問題から考えよう
P34-P65

社会課題に関連するSDGs

紹介する社会課題　　日本の社会課題に関する基本情報

私たちの身近な問題から考えよう

先進国なのに高い相対的貧困率

日本では6人に1人が貧しい生活をしている？

「生活するためのお金が足りない」といった貧困問題を、日本には関係ない話だと思っていませんか？最新の調査では、日本の国民の6人に1人が相対的貧困（→P35豆知識）だということがわかっています。貧困は生活習慣の乱れや、子どもが学校に通わなくなるなどの原因となる大きな問題であり、日本にとって実は身近な問題なのです。

日本の6人に1人が貧困

貧しいと学校にも病院にも行けない！

6人に1人が貧困という日本の状態は、先進国のなかでも7番目に高い水準です。貧困に悩む家庭や人は見分けがつきにくいことも多いため、意外に思う人もいることでしょう。また、17歳以下の子どもを対象とした「子どもの貧困率」は、2015年時点で13.9%。食事を満足に食べられなかったり、大学や専門学校への進学をあきらめたり、具合が悪くても病院に行けないなど、周りの人にとって当たり前のことをお金が足りないことを理由に我慢しなければならないということが日本でも起きています。こうした子どもの貧困状態は、生活習慣の乱れ、不登校、勉強へのやる気や自分に対する自信を失わせ、その結果、大人になっても貧困状態が続いてしまう悪い流れが生まれてしまいます。

この社会課題と関係が

1 貧困をなくそう

貧困のなかで暮らす人々の半数が17歳以下の子どもと言われています。日本だけでなく世界で取り組まなければならない課題です。

2 飢餓をゼロに

貧困は、満足に食事が餓の問題とも深く結びつす。2014年時点で世界9,500万人が栄養不良なっています。

お金は生活するうえで絶対に必要！世界中のみんなが平等にもてるべき！

豆知識

貧困には、1日「絶対的貧困」分に満たない日本は相対的ワースト7位な

考えてみよう

Q1 先進国として恵まれているはずの日本で貧困が生まれている理由はなんでしょう

Q2 「貧困」には多様な意味合いがあります。どのような意味合いがあるか調べてみよ

Q3 お金持ちと貧困に悩む人たちの格差を力を合わせてできることはなんでしょう？

くわしい情報が
掲載されている
ウェブサイトの
QRコード

第2章
明るい
地域をつくる
活動
P69-P74

活動に
関連する
社会課題

活動に
関連する
SDGs

DGs

10 人や国の不平等
をなくそう

世界中にいる一部のお金持ちが、
全世界にあるお金の約40%をもっ
ています。お金持ちと貧困の人との
格差は、世界規模で考えるべき問
題なのです。

以下で暮らす人々をあらわす
かの家族の平均的な所得の半
的貧困」の2種類があります。
まで15.6％と、先進国のなかで

かのSDGsには
どのように
しているのかな？
考えてみよう。

くたち（私たち）が
よう。

コミュニティナースカンパニー【東京都】

病気になる前から、自分の体と
健康に向き合うためのまちの新しい
医療人材「コミュニティナース」

身近に健康問題を相談できるんや施設が少ない

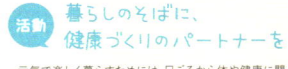

活動 暮らしのそばに、
健康づくりのパートナーを

元気で楽しく暮らすためには、日ごろから体や健康に関
心をもち、重い病気になる前に予防や治療をすることが
大切です。コミュニティナースは、公民館や郵便局、ガソ
リンスタンドなど、暮らしのそばで健康相談を受け付けた
り、地域住民の健康意識を高める活動を行っています。

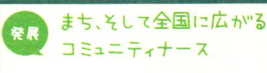

発展 まち、そして全国に広がる
コミュニティナース

「コミュニティナースカンパニー」では、企業とコミュニティナース
が連携して、日常的に住民や働く人との接点をつくり、健康問題
へのサポートや健やかに働ける職場づくりの事業化を目指して
います。また、全国各地にコミュニティナースを普及させるため、
研修会などを通じた人材育成も積極的に行っています。

くわしい
活動内容は
こちら！

活動の
基本情報

くわしい活動情報、そのほかの
活動内容、活動の成果など

左ページの社会課題の内容と
主に関わるSDGs

活動する企業や
団体の情報が
掲載されている
ウェブサイトの
QRコード

社会課題に関連する豆知識

社会課題に関連する問い
（クラスメイトや家族と一緒に考えてみよう！）

未来のためにがんばっている企業の活動

第3章 未来のために がんばっている 企業の活動

企業名

企業の活動に関連するSDGs

企業の活動に関する基本情報

企業の基本情報

企業の活動に込められた思い

企業の活動により解決しようとしている世界や日本の課題

くわしい企業の活動内容

---

3 未来のためにがんばっている企業の活動

みくりや青果

食の恵みを支える"人づくり"活動

みくりや青果では、キズがついていたり、形が不ぞろいといった規格外の野菜や果物を有効活用する取り組みを実施。農家やみくりや青果のスタッフ、そして私たち消費者にとって喜ばしい成果を生んでいます。

みくりや青果について

大阪市を中心とするスーパーマーケットやホテル、レストランに、全国各地の新鮮な野菜やおいしい果物、食べやすいように加工されたカット野菜・果物を提供しています。

食べ物を無駄なくつかい切ることをぼくも発願したい。

みくりや青果が伝えたいこと

野菜や果物を扱ううえで大切にしていることは、農家への感謝の気持ちです。感謝の気持ちをもてる"人"だからこそ、食材を大切に扱い、無駄なく有効活用していく。そうした取り組みは生産者がよりおいしく、より安全な食材づくりを後押しすると考えています。

感謝！

取り組みの内容

〜農薬をつかった増密生産を行っています。雑肥は寝込める〜ため安心・安全。長野県のレタス農家をはじめ、全国各地〜れ、良質な農産物を育む土づくりに貢献しています。また、〜「もったいない残食」を削減し、廃棄後の野菜や果物をつ〜に提供しています。スタッフは会社の方針を守り果物を食べる〜に商品の魅力をさらに伝えることができています。

---

3 未来のためにがんばっている企業の活動

日本ガイシ

（撮影協力：大阪府泉佐野市のメガソーラー発電所）

気まぐれな自然エネルギーをつかいやすく

太陽や風などの自然の力による「再生可能エネルギー(再エネ)」は、化石燃料をつかわないクリーンな電力として注目されています。ただ、天候に左右されるため、電力を大量に蓄える技術が必要。それを解決する蓄電池を、日本ガイシはセラミック技術で実現しました。

日本ガイシについて

電力を送り届ける、車の排ガスをきれいにする、IoTの進化を支えるなど、暮らしに不可欠なセラミックスをつくっています。

世界にはこんな問題が

地球温暖化の最大の原因は、二酸化炭素(CO_2)が増えすぎたこと。石油や石炭を燃やして得られるエネルギーは大きい反面、大量のCO_2を出して地球の気温を上げています。暮らしにエネルギーは欠かせません。省エネと同時に、CO_2を出さないクリーンエネルギーの割合を増やす目標が、世界中で掲げられています。

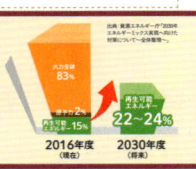
出典：資源エネルギー庁「2030年エネルギーミックス実現へ向けた対策について」全体概要より
化石燃料 83%
原子力 2%
再生可能エネルギー 15%
2016年度（現在）
再生可能エネルギー 22〜24%
2030年度（将来）

取り組みの内容

「電力は貯められない」という常識をくつがえす電力貯蔵用「NAS®電池」の開発に、日本ガイシは世界で初めて成功しました。大容量蓄電システムとして、再エネ先進国の欧州や中東をはじめ、世界中で約200か所に採用され、日本でもスマートシティー、仮想発電所、離島などに設置された風力発電や太陽光発電の効率的な運用を支えています。NAS電池で再エネの活用を後押しし、地球温暖化を防ぎます。

NAS
200か所

第1章

私たちの未来のための SDGs
（エス ディー ジー ズ）

「SDGs」ってなんだろう？

SDGsは「Sustainable Development Goals（持続可能な開発目標）」を略した言葉です。これは世界共通の言葉で、2030年の世界をよりよいものにすることを目的に生まれたプロジェクトです。地球上にある豊かな自然や資源を未来に残し、誰一人取り残すことなく幸せに暮らせる世界をつくるために、世界各国の人たちが取り組んでいます。

SDGsの主人公は、2030年を生きる君たちだ!

現在

2030年

SDGsが目指すのは、2030年のよりよい未来。ということは、2030年の社会を担っているみんなが取り組むべき目標なのです。2030年の豊かな社会を実現し、さらにその先の未来へバトンをわたすためにも、今からみんなでSDGsを学び、身近なところから地球のためになる小さな一歩を踏み出そう!

「持続可能な開発」ってどういうこと?

今ある問題を抱えたままだと、明るく楽しい未来はやってこないということだね。

1987年に「環境と開発に関する世界委員会」が発表した内容では、「将来の世代のニーズを満たす能力を損なうことなく、今日の世代のニーズを満たすような開発」と説明しています。その際、環境、経済、社会・文化という3つの領域において、将来に向けて開発を進めていくことが重要だと位置づけています。なぜなら、現在の私たちの生活と同じくらい豊かな生活を、将来の人々も同様におくることができる権利があるからです。「今さえよければそれでいい」という考えはいけません。今の時代を生きる人々の間にある格差や差別をなくし、すべての人が豊かな暮らしをおくることができる社会を実現しつつ、未来の世界を生きる人々が幸せな暮らしをおくるための準備もしなければならないのです。

SDGsってどうして生まれたの？

この世にひとつしかない地球を未来へ

人類はここ100年の間に急速に発展を遂げました。そのおかげで世界各地では便利な生活をおくることができています。その一方で地球温暖化や、森林や石油や魚といった資源の減少が進んでいます。地球はひとつしかありません。人間やそれ以外の生き物も快適に暮らせる地球を未来に残すべく、みんなで行動するための"目標"としてSDGsが生まれたのです。

誰一人取り残さない世界をつくる

SDGsの取り組みには、人を守るための目標もたくさんあります。SDGsは2000年開催の国連サミットで生まれた「MDGs（ミレニアム開発目標）」からの思いを引き継ぎ、飢餓や性別・人種差別、女性蔑視、教育格差、気候変動、生物多様性の喪失といった世界の課題を解決することを目指しています。大きな国でも、小さな国でも、地球上に生きるすべての人が幸せな人生を実現できる社会づくりをSDGsは後押ししていきます。

みんなで協力して取り組もう！

SDGsは地球に住むすべての人が取り組むべき目標です。その取り組み方は無限大！ 一人ひとりが目標をもって身近なことから変えていったり、友だちと一緒に行動を起こしたり。企業や自治体、NPO／NGOなどでは協力し合いながら、大きな課題に取り組んでいます。着実にSDGsは世界中に広まっています。

次のページでは、SDGsの「17の目標」を紹介します。「17の目標」にはそれぞれ細かくターゲットが設定されており、その数はなんと169個！誰一人取り残さない世界をつくるためにも、さまざまな課題を解決する必要があります。

くわしくはこちら

よりよい世界をつくるための、SDG

世界には少ないお金で生活している人がたくさんいます。十分な食事や教育、医療サービスを受けることができる社会づくりが必要です。

世界ではたくさんの子どもが栄養不良に苦しんでいます。また、世界の人口は増加しており、世界中の人々が食べ続けられる食料を確保しなければなりません。

子どもから高齢者まで、すべての人が健康的な生活をおくるための医療施設・サービスを世界中に広めていく必要があります。

地球温暖化につながる二酸化炭素を増やさず、持続可能な電力を確保するために、太陽光や風力などの再生可能エネルギーを普及させる必要があります。

人々の幸せな生活やお金を稼ぐための仕事を保つためには、持続的に経済を成長させるための施策を打ち続けなければなりません。

道路やインターネット、電力などの現代の生活に必要なインフラ（→P55豆知識）を世界中に普及させるとともに、新たなインフラ技術の開発が進んでいます。

地球温暖化や海面上昇などの気候変動は地球規模の問題です。地球に暮らすすべての人が、気候変動を抑えるための行動を起こす必要があります。

みんなの食卓に並ぶ魚や貝は、海が育む資源です。未来に海洋資源を受け継ぐためには、豊かな海を守る取り組みを広めなければなりません。

世界中にある森林は徐々に減少していますが、生物の多様性や貴重な天然資源を守るために、さまざまな森林保全対策が進められています。

「17の目標」

よりよい世界とはどのようなものなのでしょうか。みんなが理想の世界をつくるために、国連は2015年から2030年で達成すべき17の持続可能な開発目標（SDGs）を定めました。

4 質の高い教育をみんなに

学校に通うことができない子どもの数は現在約2億6,000万人。発展途上国を中心に学校の建設や先生の育成などが進められています。

5 ジェンダー平等を実現しよう

現代社会における女性は差別や暴力に苦しんでいます。そのため、女性と女児がいきいきと働いたり勉強したりできる社会づくりが求められます。

6 安全な水とトイレを世界中に

水不足や水質汚染による病気を解消するために、すべての人がきれいで安全な水を確保する取り組みが広まっています。

10 人や国の不平等をなくそう

先進国と発展途上国、富裕層と貧困層の間には、収入や生活環境などにおいて大きな格差があり、平等に幸せになれる社会づくりが求められています。

11 住み続けられるまちづくりを

現代社会では都市部に人口が集中し、人口が増え続けています。環境を守りつつ、充実したインフラをすべての人に提供する仕組みづくりが必要です。

12 つくる責任つかう責任

限られた資源を未来に残すためには、資源を無駄なく有効活用してものをつくり、つかう人も、ものを大切に使い続けるための意識をもつことが大切です。

16 平和と公正をすべての人に

世界の平和を乱す暴力や人身売買は大きな問題になっています。発展途上国を中心に、個人の権利保護や犯罪抑制に向けた取り組みが求められています。

17 パートナーシップで目標を達成しよう

地球規模の課題を解決し、持続可能な社会をつくるためには、国・企業・地域レベルで協力し合い行動することが重要です。

このページをコピーして切り取り線に沿って切ればカードになるよ。SDGsについて話し合う時に使ってみよう！

「17の目標」がつながり合うこ
課題はどんどん解決していく

テーマの統合性

17の目標は、それぞれ内容が異なっているように見えますが、そうとは限りません。目標のなかにはほかの目標と共通する課題をもつものもあります。関連する目標同士は互いにかかわり合いながら、理想とする社会を実現していくのです。

1 貧困をなくそう

健康的な生活をおくり、心身ともに成長できる。

4 質の高い教育をみんなに

みんなが夢の実現につながる勉強ができる。

同時解決性

自然や社会のためになる活動に取り組んだ場合、複数の目標を同時に解決することができます。なぜなら、17の目標にある課題は関連し合っているからです。ひとつの活動でいくつもの課題を同時解決できる、まさに一石二鳥の特徴があるのです。

みんなが取り組む自然のための活動は、よりよい地球をつくるための大きなスタートになっているよ。

13 気候変動に具体的な対策を

パートナーシップ

17の目標に取り組むのは、世界各国の政府や大企業だと思っていませんか？ 多くの人々が社会に参加し、立場が異なる人たちが協力し合いながら、それぞれができるアクションを起こすことで課題は解決できます。SDGsを合言葉にみんなで課題解決に取り組みましょう。

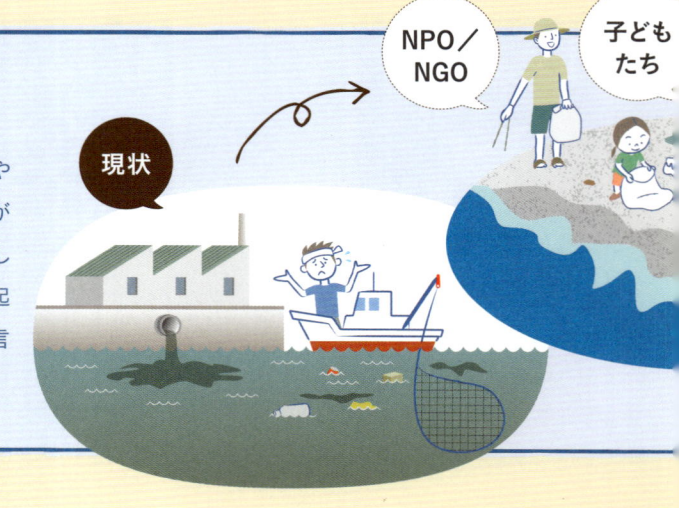

NPO／NGO

子どもたち

現状

で、

17の目標はそれぞれがかかわり合いながら、課題の解決に向かって進んでいきます。つまり、ひとつの目標に取り組むと、自然とほかの課題解決にも役立つということ。この働きにより、よりよい世界を実現することができるのです。

日本が変われば世界も変わる それがSDGsのチカラ！

日本で私たちができること

みんなで大事にシェアすれば無駄のない世界になる！

レンタサイクル

適正な価格で買えばみんなを幸せにできる！

小さな「いいこと」を積み重ねていくと…

身近にあるごみも、分別すれば立派な資源！

身の回りにはどんなSDGsにかかわる課題があるのでしょうか？ 私たちが暮らす世界を見わたしてみると、あまりにも安い価格で食料を買ったり、必要以上にものをつくったり、SDGsにかかわるさまざまな課題があります。こうした課題への取り組みは、日本全体で行えば大きな取り組みに！ そして日本で巻き起こった課題解決に向けた動きは、地球規模での課題解決、そして幸せな社会づくりにつながります。

世界全体が幸せな社会へ。

日本が抱えているこれから解決す

01 やり直しづらい
日本社会

人生の選択に失敗するとやり直しがききにくい社会構造です。

02 先進国なのに高い
相対的貧困率

日本では6人に1人の人が貧困で苦しんでいます。

03 日本でも起きている
食料問題

食料自給率が低い日本では、今後食料が不足する可能性があります。

07 膨(ふく)れ上がる社会保障費

お金が不足し、安定した医療・介護サービスを受けられない可能性があります。

08 安心して出産し
子育てできない社会

出産や育児に関する制度・施設などが不足しています。

09 希薄化(きはくか)・孤独化する
コミュニティ

同じ地域に住んでいる人同士のかかわり合いが少なくなっています。

13 日本は真の
スポーツ大国になれるか

体力や健康づくりにもつながるスポーツに取り組む人が減っています。

14 世界が注目する
水資源問題

これからも生活やものづくりに必要な水を確保しなければなりません。

15 持続可能なエネルギー
の実現と普及

化石燃料に依存し続けるままだと、将来的にエネルギーが不足します。

19 伝統文化・技術を
どう継承するか

祭りや工芸品などの伝統が、後継者不足などにより途絶えてしまいます。

20 日本中に眠る
未利用資源

木材やリサイクルごみなどの身近な資源がうまく活用されていません。

21 老朽化(ろうきゅうか)が進む
インフラ

橋やトンネルなどの生活に不可欠なインフラの老朽化が進んでいます。

課題たち

イラスト提供：認定NPO法人ETIC.

ここまでSDGsについて学んできましたが、大きな問題が自分に関係あるの？ と思っている人も多いかもしれません。ここでは今日本が直面している課題を見ていきます。食や仕事などの日常的な生活にかかわることのほか、教育や気候変動などの日本の将来を左右することなど、たくさんの課題が山積みになっています。SDGsとの関連は第2章で紹介していきます。

04 日本が一歩先ゆく超高齢化社会

日本は高齢者の間に差があり、今後も高齢化は進んでいきます。

05 チャンスに変わるか？人口減少

社会で活躍する人口が減ることで、国の成長が止まる恐れがあります。

06 マイノリティの人々の幸せ向上

LGBTや障がい者などが不便で肩身の狭い生活をおくっています。

10 延ばしたい健康寿命

健康寿命と平均寿命の間に差があり、医療や介護のためのお金が増えています。

11 創造力を高める教育の拡大

自由な発想で物事を考えるための教育が不十分です。

12 じわじわ広がる教育格差

環境や収入によって受けることができる教育内容に差が生まれています。

16 出番を求める人々に活躍の機会を

活躍のイラスト

能力や個性を発揮できないまま働いている人がたくさんいます。

17 解放せよ組織内リーダーシップ

リーダーシップがある人でも、組織のなかでなかなか力を発揮できません。

18 専門職が力を発揮できない職場環境

プロとしての専門的な知識や技術を生かして働ける職場が少ない社会です。

22 自然災害大国日本

地震や台風についての経験を、未来の災害対策に生かす必要があります。

23 見直したいローカル経済

都会に比べて地域の元気がなくなっています。

24 復活できるか水産王国日本

汚染や乱獲により魚や貝などの水産資源が減少しています。

25 止まらない気候変動

気温上昇などの今までにない気候の変化への対策が不十分です。

26 非効率すぎる政治・行政

政

内部が見えにくい政治や行政のかたちに、国民は不信感を抱いています。

27 社会づくりに参加しやすく

選挙や寄付活動などの敷居が高く、気軽に参加できない状況です。

28 時代に合わせた幸せの模索（もさく）と実現

幸せのかたちが多様化しているなか、昔ながらの価値観が根強く残っています。

29 くい止めたい不信と不和の連鎖（れんさ）

日本の内外で災害や争いで日々苦しんでいる人が多数います。

30 グローバルでつながる経済の課題

世界の持続的な成長に向けて、国同士が十分に協力できていません。

31 高ストレス型社会からの脱却（だっきゃく）

多くの人が勉強や仕事、友人関係などで悩みやストレスを抱えています。

日本だけでもこんなに課題があるなんて知らなかった！ほかの課題や地域特有の問題も考えてみよう。

31の課題はコピーして切り取ることでカードとしても使えるよ！

ウェブサイトでくわしい内容を紹介中！

第2章では注目の社会課題を紹介！

31個ある社会課題のなかから、みんなにも関係が深い16個の社会課題を選び、第2章でくわしく紹介します。日本にある課題を勉強しながら、みんなならどんな方法で課題を解決していきたいか考えてみてください。

第2章

私たちの身近な問題から考えよう

先進国なのに高い
相対的貧困率

日本では6人に1人が貧しい生活をしている？

「生活するためのお金が足りない」といった貧困問題を、日本には関係ない話だと思っていませんか？最新の調査では、日本の国民の6人に1人が相対的貧困（→P35豆知識）だということがわかっています。貧困は生活習慣の乱れや、子どもが学校に通わなくなるなどの原因となる大きな問題であり、日本にとって実は身近な問題なのです。

日本の6人に1人が貧困

貧しいと学校にも病院にも行けない！

6人に1人が貧困という日本の状態は、先進国のなかでも7番目に高い水準です。貧困に悩む家庭や人は見分けがつきにくいことも多いため、意外に思う人もいることでしょう。また、17歳以下の子どもを対象とした「子どもの貧困率」は、2015年時点で13.9％。食事を満足に食べられなかったり、大学や専門学校への進学をあきらめたり、具合が悪くても病院に行けないなど、周りの人にとって当たり前のことをお金が足りないことを理由に我慢しなければならないということが日本でも起きています。こうした子どもの貧困状態は、生活習慣の乱れ、不登校、勉強へのやる気や自分に対する自信を失わせ、その結果、大人になっても貧困状態が続いてしまう悪い流れが生まれてしまいます。

解決アクション！

この社会課題と関係が深いSDGs

1 貧困をなくそう

貧困のなかで暮らす人々の半数が17歳以下の子どもと言われています。日本だけでなく世界で取り組まなければならない課題です。

2 飢餓をゼロに

貧困は、満足に食事ができない飢餓の問題とも深く結びついています。2014年時点で世界では7億9,500万人が栄養不良の状態になっています。

10 人や国の不平等をなくそう

世界中にいる一部のお金持ちが、全世界にあるお金の約40%をもっています。お金持ちと貧困の人との格差は、世界規模で考えるべき問題なのです。

お金は生活するうえで絶対に必要！世界中のみんなが平等にもてるべき！

豆知識

貧困には、1日約210円（1.9ドル）以下で暮らす人々をあらわす「絶対的貧困」と、家族の所得がほかの家族の平均的な所得の半分に満たない人々をあらわす「相対的貧困」の2種類があります。日本は相対的貧困率が2015年度で15.6%と、先進国のなかでワースト7位なのです。

考えてみよう

ほかのSDGsにはどのように関係しているのかな？考えてみよう。

Q1 先進国として恵まれているはずの日本で、貧困が生まれている理由はなんでしょう？ 調べてみよう。

Q2 「貧困」には多様な意味合いがあります。どのような意味合いがあるか調べてみよう。

Q3 お金持ちと貧困に悩む人たちの格差をなくすために、ぼくたち（私たち）が力を合わせてできることはなんでしょう？ 話し合ってみよう。

日本で起きている
食料問題

糧

必要な食べ物を日本人がどんどん捨てている？

私たちが生きるうえで欠かせない「食」。とても身近な存在である分、時代や社会を反映すると言われています。今の時代は、スーパーマーケットやコンビニエンスストアの普及により、世界中の野菜や果物、お肉、お菓子、飲み物などを気軽に買うことができます。しかし、そんな便利な社会の陰では"ある問題"が深刻化しています。

1年間にまだ食べられる食品を643万トン廃棄

食料自給率が低い日本だからこそ食べ物は大切に！

日本の食料自給率は、先進国のなかでも最低ランクの37％（2018年）。食料自給率とは日本にある食べ物のうち、どのくらいの食べ物を日本国内でつくっているかを示す割合です。すなわち、日本にある食べ物の半分以上が外国から輸入したものということです。今の状況では、もし外国で大きな災害や事故が発生し食料が輸入できなくなったら、日本は食料不足になってしまいます。また、日本では食品ロスという問題もあります。家庭での食べ残しや賞味期限切れ食品の処分など、日本の食品廃棄量は年間約2,759万トン（2016年）。そのうち、まだ食べられるのに捨てられている食品は、なんと年間約643万トンにものぼります。限りある食料資源を持続可能なかたちで活用し、世界中のすべての人が必要な食品を手に入れられる仕組みが必要です。

解決アクション！

この社会課題と関係が深いSDGs

2 飢餓をゼロに

世界で養うべき人口は1日につき21万9,000人ずつ増加しています。ただ、食料資源は限られているため、食料を必要とする人が増えるにしたがって食料はどんどん不足していきます。

14 海の豊かさを守ろう

私たちは魚や貝、海藻などの多くの食料を海から得ています。しかし、世界の漁業資源の30％が乱獲されていると言われ、将来的に海からどんどん魚がいなくなってしまう可能性があります。

15 陸の豊かさも守ろう

世界中にある、穀物や野菜をつくるための耕作地は減少し続けており、近年は減少するペースがさらに加速。現在、年間で全世界で日本の国土面積の約1／3にあたる1,200万ヘクタール（こくもつ）の農地が消失しています。

食事の楽しみがある未来をつくらなきゃ！

 **豆知識**

日本で廃棄されている、まだ食べられる食品「年間約643万トン」という量は、国民1人あたり毎日お茶碗1杯分のご飯を捨てている計算になります。これは、世界中で食料不足に苦しむ人々への食料援助量の約2倍の量です。

考えてみよう

ほかのSDGsにはどのように関係しているのかな？考えてみよう。

Q1 日本の食べ物、世界から輸入した食べ物にはどんなものがあるでしょうか？ 調べてみよう。

Q2 世界の人口増加の推移と、食料生産の推移を関連づけて一緒に考えてみよう。

Q3 限りある食料資源を保ちつつ、世界の食料不足を解決するにはどうすればいいのでしょうか？ 議論してみよう。

日本が一歩先ゆく
超高齢化社会
齢

日本ではまもなく 3人に1人が 高齢者になる？

ニュースや新聞で目にすることが多い「超高齢社会」。日本では65歳以上のおじいちゃん、おばあちゃんがたくさん暮らしていますが、お年寄りが増え続けることにより年金や医療費など解決しなければいけない課題がたくさん生まれています。お年寄りだけではなくすべての人々が幸せな生活をおくる社会をつくるために、みんなにできることはなんでしょうか？

1960年

2025年

1人の高齢者を約2人で支えないといけない？

超高齢社会とは、65歳以上の人が全人口の21％以上を占めている社会のことを指します。日本は、2017年に27.7％と過去最高を更新し、2025年には30％を超えると言われています。お年寄りが増えると、お年寄りが安心して生活するための年金や医療費などの社会保障費が増加。社会で働く人口も減るため、1960年には1人の高齢者の生活を約11人の現役世代（20歳から64歳の人々）で支えていましたが、2025年では1.8人の現役世代で支えていくことになります。つまり、高齢者の暮らしにかかわる年金や医療費などを、少数の若い世代で支えていかなければならないのです。世界各地で高齢化の問題はありますが、それに先駆けて「超」高齢社会に突入した日本。継続的に経済を成長させるためにも、新しい社会のモデルをつくり出していく必要があるのです。

解決アクション！

この社会課題と関係が深いSDGs

3 すべての人に健康と福祉を

お年寄りが増える社会であっても、子どもや現役世代などのすべての人が健康的な生活をおくることができる福祉環境を整えることは必要です。

10 人や国の不平等をなくそう

情報のアクセス、生活の質（クオリティオブライフ QOL）などで、世代内や世代間の格差が生まれています。すべての地域住民の格差をなくすためにも社会全体でのケアシステムが不可欠です。

11 住み続けられるまちづくりを

高齢者は1人では住み続けられないため、地域内でのコミュニケーションを増やし、子どもと高齢者が一緒に生活し続けられる環境づくりも、まちづくりに必要だと言われています。

社会保障を受ける側の高齢者の人たちが安心できる仕組みづくりは必要だね。

豆知識

世界で最も高齢化が進んでいるのは日本です。次いで、イタリアやポルトガル、ドイツなどヨーロッパの国々も高い高齢化率を記録しています。ただ、年金や医療費などの社会保障制度は国によって異なるため、日本ならではの仕組みを考える必要があります。

考えてみよう

ほかのSDGsにはどのように関係しているのかな？考えてみよう。

Q1 高齢者と現役世代がともに健康的な生活をおくるために必要なことはなんでしょう？

Q2 これからの日本の人口ピラミッドの推移を考え、どのような社会になるかを議論してみよう。

Q3 少子化を解消し、未来の社会を支える世代を増やすためにはどうすればいいでしょうか？ 議論してみよう。

04

チャンスに変わるか？
人口減少
減

100年後には、日本の人口が半分になる？

日本の現在の総人口は約1億2,600万人で、世界で10番目に人口が多い国です。世界の人口はどんどん増え続けていますが、日本は人口がどんどん減り続けています。人口が減り続けるということは、私たちの生活にどのような影響があるのでしょうか？

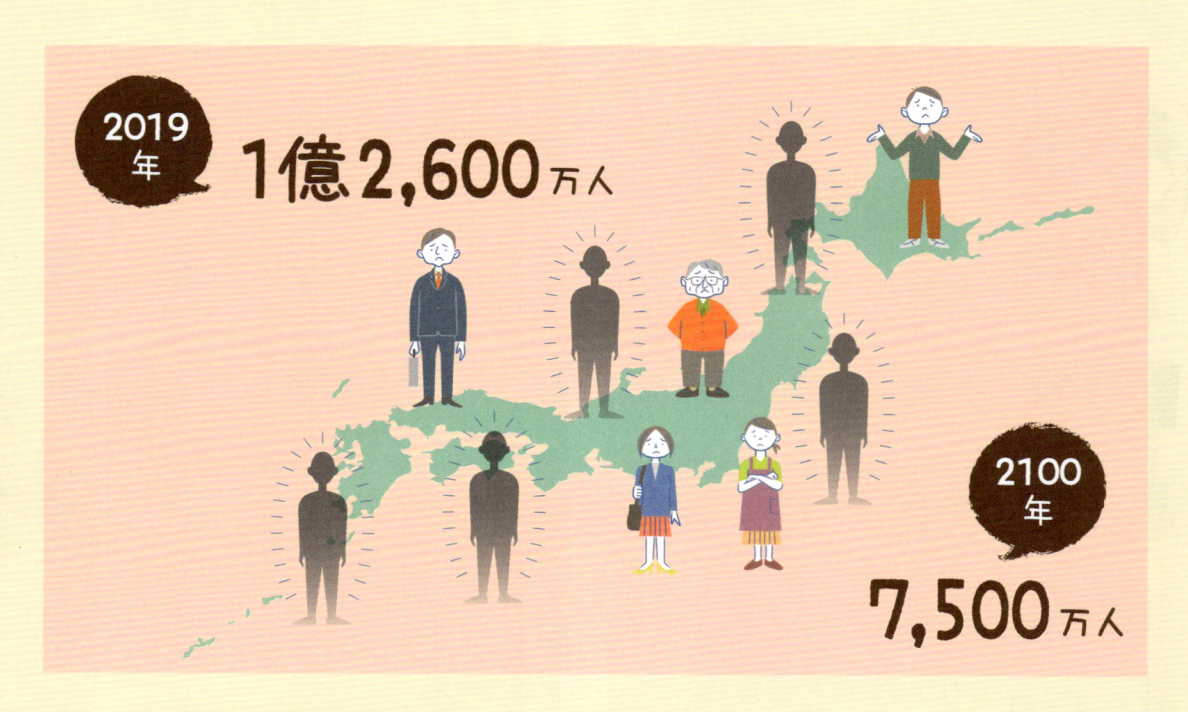

2019年 1億2,600万人

2100年 7,500万人

人口が減ると、国のお金やお店も減ってしまう！

日本の現在の総人口は約1億2,600万人ですが、このまま人口減少が続くと2060年には約8,600万人、2100年には約7,500万人と、現在の半分近くまで人口が減少するという予測が出ています。人口が減ることで、私たちが現在過ごしている日常が変化してしまいます。たとえば、私たちが日常生活で利用している製品やサービスは、それを求める人が一定数いるからこそ成り立っています。人口が減るということは「製品やサービスの利用者が減ること」を意味するため、まちからコンビニエンスストアやレストランが撤退してしまいます。さらに、国民が納める税金も減るため、学校や病院、道路といったインフラ整備などの公共サービスにあてられる予算も減ってしまいます。

解決アクション！

この社会課題と関係が深いSDGs

3 すべての人に 健康と福祉を

人口減少をきっかけに大きな問題となるのが、医療や福祉を支える公共サービスの低下です。少子高齢化が進んでも、すべての人の健康的な暮らしを支える仕組みづくりが必要です。

8 働きがいも 経済成長も

高齢者を支えていく現役世代の生活の質（QOL）を確保するため、人口減少した社会でも現役世代の働きがいと経済成長が担保される仕組みが必要です。

11 住み続けられる まちづくりを

都市部への人口集中は、世界規模での大きな問題です。2050年までに都市部人口は世界人口の3分の2にあたる65億人に達すると言われています。人口減少が進むと地域の人口はさらに減ってしまいます。

> 2018年の日本の出生率は1.4程度なんだよ。

豆知識

出生率とは人口1,000人あたりにおける出生数を指し、合計特殊出生率は15歳から49歳までの女性の年齢別出生率の合計です。合計特殊出生率が1.8程度に向上することで、2060年でも1億人程度の人口が確保されるというデータもあります。

考えてみよう

> ほかのSDGsにはどのように関係しているのかな？考えてみよう。

Q1 人工知能（AI）などの技術革新が、
人口減少社会にどのように貢献できるか考えてみよう。

Q2 「安心して出産、子育てができる環境」とはどのようなものでしょう？
議論してみよう。

Q3 都市部への人口集中をやわらげ、地域に移り住む人を増やすためには、
どうしたらいいでしょうか？ 議論してみよう。

05

マイノリティの
人々の幸せ向上

人間は「男」と「女」だけじゃない？

「人間」とはどんな生き物でしょうか？ なかなか説明が難しいですよね。現代は性別や年齢の違いだけではなく、さまざまな価値観をもつ人たちが、同じ社会のなかで一緒に生活をしています。異なる考え方や生き方をする人たちを分けることなく、みんなが幸せに暮らせる社会をつくっていく必要があるのです。

色んな特徴や価値観をもった人たちで社会はできている

人々を平等に扱うことは大切だと言われていますが、現代社会では女性や高齢者、LGBT、外国人、少数民族、障がい者などの「マイノリティ（少数派）」が、生きていくなかで周囲に理解してもらえず、不自由な思いをしています。LGBTとは、身体の性別と心の性別が異なったり、だれを好きになるかという点における性的少数派の人々のことです。性別や年齢といった「見えやすい違い」だけではなく、価値観や生き方といった「見えにくい違い」を社会全体で受け入れ、人それぞれの違いを生かす「ダイバーシティ（多様性）」と、あらゆる人材がそれぞれの能力を最大限発揮し、やりがいを感じられる「インクルージョン（包摂）」の考え方を、みんながもたなくてはなりません。「自分の考え方がすべてではない」という意識をもつことが、みんなが快適に暮らせる社会づくりの第一歩。異なる考え方や価値観をもつ少数派の人たちにも思いを寄せ、それぞれが個性を発揮できる社会をつくるためにはどうしたらいいでしょうか？

解決アクション！

この社会課題と関係が深いSDGs

3 すべての人に 健康と福祉を

マイノリティは、社会のさまざまな場面で排除を受けやすい状況です。マイノリティが生活の質（QOL）を得ることは基本的人権であるとも言えます。

5 ジェンダー平等を 実現しよう

女性の地位向上は世界共通の課題です。男女の格差をなくし、すべての人が社会を変えるための力や権利をもつことは、持続可能な社会成長を促すうえで欠かせません。

16 平和と公正を すべての人に

マイノリティがどのような境遇に置かれているのかをマジョリティ（多数派）が知ることで、平和と公正は実現されていくと言えます。

性別や価値観、年齢にとらわれず、その人の魅力をみんなが受け入れられる社会になってほしい！

豆知識

2000年以降の各国の取り組みにより、世界では学校に通う女児の数は増え、多くの地域で初等教育における男女平等を達成しました。また、日本のすべての雇用者（農業以外）に占める女性の割合は、1990年の37.9％から、現在は44％以上にまで上昇しています。

考えてみよう

ほかのSDGsにはどのように関係しているのかな？考えてみよう。

Q1 どのような「マイノリティ」があるか、調べてみよう。

Q2 自身が「マイノリティ」であることを実感した状況を共有してみよう。

Q3 「マイノリティ」にとって生活がしやすく、働きやすい社会をつくるには、どのようなサービスや制度が必要だろうか？ 議論してみよう。

06

私たちの身近な問題から考えよう

**希薄化・孤独化する
コミュニティ**

独

今の日本人は近所の人と話さない？

日本の古きよき風習として根づいていた「ご近所づきあい」など、住民同士がつながっていた地域コミュニティのかたちが、最近では少子高齢化や人口減少の影響により変化しています。人々のかかわり合いが少なくなることは、地域としてさまざまな問題を抱えることになるため、解決策を考える必要があります。

いざというときに助け合えない…

地域の関係性がないと、万が一の時に大変！

日本では、日常的に地域住民同士が話をしたり、お互いの暮らしにかかわり合うことで、自然に地域の団結心が生まれていました。しかし、近年は近所づきあいが少なくなり、隣の家の住人を知らないという人や、自治会や地域のイベントに参加しない人も増えています。住民同士のつながりが弱いと、地域にとってさまざまな不安が出てきます。たとえば、地震や大雨による災害時の対応が遅れたり、ひとり暮らしの高齢者の状況がわからず孤独死が増えたり、地域内での犯罪や詐欺の被害が増える可能性も。このような状況を打ち破るために、地域を超えて、興味や関心、仕事でのつながりを生かした"テーマ型"の新しいコミュニティが徐々に生まれています。

解決アクション！

この社会課題と関係が深いSDGs

1 貧困をなくそう

貧困には社会との関係性が弱いことで起こる「社会的貧困」もあります。希薄化・孤独化するコミュニティは、社会的な貧困状態であるとも言えます。

11 住み続けられるまちづくりを

都市部はほかの地域から移り住んでくる人が多く、ライフスタイルも多様化しているため、現代的なコミュニティについて考える必要があります。

17 パートナーシップで目標を達成しよう

パートナーシップは、コミュニティの構築に不可欠です。日々のコミュニケーションが、自然災害などの有事においても有効なのです。

子どもも大人も普段から近所の人とコミュニケーションをとらないといけないね。

豆知識

首都圏に住む大人の25パーセントが、隣に住む人の顔を知らないというデータがあります。ライフスタイルの違いなどにより顔を合わせる機会がない場合には、地域のイベントなどに参加し交流することが大事です。

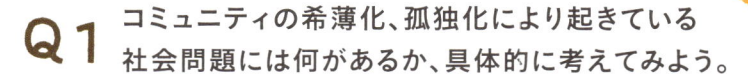

考えてみよう

ほかのSDGsにはどのように関係しているのかな？考えてみよう。

Q1 コミュニティの希薄化、孤独化により起きている社会問題には何があるか、具体的に考えてみよう。

Q2 普段からかかわることのない地域の人々とつながりをつくるために、日ごろからできることはなんでしょうか？ 議論してみよう。

Q3 人とのつながりが少ない高齢者を、詐欺や犯罪から地域で守る方法はなんでしょうか？ 一緒に考えてみよう。

07

延ばしたい健康寿命

健

日本は寝たきりのお年寄りが多い！？健康で長生きな人生をおくるには

「健康寿命」とは、介護の必要がなく、自ら体を動かして生活できる期間のことです。2016年時点の日本人の健康寿命は男女ともに過去最高を更新し、男性は72.14歳、女性は74.79歳。ただ、日本人の「平均寿命」は男性が80.98歳、女性は87.13歳と健康寿命との間に差があり、医療にかかるお金を抑えるためにも差を縮める必要があります。

健康寿命と平均寿命の「差」が大きい日本

2010年以降、日本では政府が「健康寿命の延伸」を掲げたことをきっかけに、自治体や企業による健康に関する取り組みが急速に進みました。高齢者になってもいきいきと生活できるのはよいことです。ただ、平均寿命との差が大きいとその分だけ手厚い医療や介護が必要になり、多額の医療費や介護費が必要になります。健康寿命と平均寿命との差を縮める方法としては、病気を予防したり健康寿命を一層延ばすために健康増進に取り組む、また介護を必要としない体づくりなどがあります。平均寿命と健康寿命の差を短縮することは、将来的な医療費や介護費の負担軽減につながり、さらに国民の生活はより一層豊かになると言われています。

解決アクション！

この社会課題と関係が深いSDGs

3 すべての人に 健康と福祉を

あらゆる年代の人々が健康的な生活を確保するためにも、健康増進の取り組みをするだけでなく、将来にわたり安定した医療・介護サービスを受けられる仕組みが必要になります。

8 働きがいも 経済成長も

健康は、生活の質（QOL）を高め、人々の関係性を構築し、働く意欲を高めることにも貢献します。自身の健康を維持することは、幸せな社会生活に欠かせません。

17 パートナーシップで 目標を達成しよう

人間関係といった社会的な要素も、健康づくりに大きくかかわります。日々の生活で人間関係を構築することも、健康寿命を延ばすことに貢献しているのです。

日本は医療先進国！
健康な体を維持しながら長生きできる国を目指したいね！

豆知識

日本の健康寿命は、2001年と比較して男性は約3歳、女性は約2歳延びています。ただ、同様に平均寿命も延びているため、より一層健康寿命を延ばし、平均寿命との差を縮めるための取り組みが必要なのです。

考えてみよう

ほかのSDGsにはどのように関係しているのかな？考えてみよう。

Q1 世界と比べて日本の健康寿命が長い理由はなんでしょうか？ 考えてみよう。

Q2 健康寿命を支える要因にはどのようなものがあるでしょうか？一緒に考えてみよう。

Q3 健康寿命を延ばすために、今からやっておくべきことはなんでしょうか？一緒に考えてみよう。

08

世界が注目する
水資源問題

水

日本は雨が たくさん降るのに、 将来は水不足？

日本は、梅雨や台風の影響により、世界でも有数の『雨が多い国』となっています。年間平均降水量は約1,700ミリメートルと、世界平均の約2倍の量の雨が降ります。これだけ雨が降ると「日本にはたっぷり水がある！」と思ってしまいますが、実は将来的に水不足になる可能性があるのです。

海へ

川へ

水が少ない

生活やものづくりで使う水の量は増えている

日本で降る雨のほとんどは、梅雨期や台風期に集中しています。しかし、せっかく降った雨は、日本特有の急勾配の地形により海や川へと一気に流れ出てしまいます。そのため、陸地にとどまる水は限られてしまい、実際に私たちが生活で使用できる水の量は、人口1人あたりに換算すると、世界平均の25％程度になってしまうのです。ただでさえ水の量が限られているなかで、私たちが生活で使う水の量、そして企業がものをつくる時に使う水の量は上昇中。この生活用水・工業用水は、1960年代半ばから2000年までの間に約3倍に増加しています。そのため、日本における水資源についての問題はとても深刻であり、今のうちから家庭や学校、企業などさまざまな場所で水を大切に使う取り組みが必要です。

解決アクション！

— この社会課題と関係が深いSDGs —

6 安全な水とトイレを世界中に

全世界の40%の人々が水不足の問題に悩まされています。気候変動が水不足に及ぼす影響は大きいと言われていて、今後地球温暖化により、さらに水に関する問題は大きくなることが予測されています。

7 エネルギーをみんなにそしてクリーンに

日本における水力発電は、国内でまかなうことができる貴重なエネルギー源です。近年では、ダム開発などがいらない、中小規模の水力発電の建設が活発化しています。

15 陸の豊かさも守ろう

森林を守ることは、土壌内に水を保有させることにつながります。水の安定供給、水質保持、水害回避の意味でも森林保全は必要不可欠です。

お風呂や洗濯、食器洗いなど、水を無駄に使っているところは生活にたくさんありそう！

豆知識

家庭では1日に1人あたり平均219リットルの水を使っています。歯みがきの時に30秒間水を流したままにしているだけで、なんと約6リットルが無駄になってしまうのです。

考えてみよう

ほかのSDGsにはどのように関係しているのかな？考えてみよう。

Q1 普段の生活のなかで使う水の量を減らすことができるのはどこでしょうか？ 考えてみよう。

Q2 「バーチャル・ウォーター」について調べてみましょう。また、「バーチャル・ウォーター」と水資源問題をつなげて議論してみよう。

Q3 近年、日本各地で水害が多発しています。なぜ、このように水害が増えているのでしょうか？ その原因を一緒に考えてみよう。

09

持続可能なエネルギーの実現と普及

日本の電気やガスは、ほとんどが外国産？

スマートフォンで動画を見たり、ぽっかぽかのお風呂を沸かしたり、私たちの生活には電気やガスなどのエネルギーが欠かせません。そのエネルギーは石油や天然ガス、太陽光や風力などのさまざまな資源からつくられますが、資源に恵まれていない日本にとって、今後も安定してエネルギーを確保することは大きな課題になっています。

91.7%を
海外から
供給

切り札は環境にもやさしい再生可能エネルギー！

日本はエネルギー資源がとぼしいため、火力発電の燃料となる石油や天然ガスといったエネルギー資源は、その多くを海外からの輸入にたよっています。日本のエネルギー自給率は2010年時点の20.2％から2016年時点では8.3％へと減少しています。そこで注目されているのが、太陽光や風力、地熱、水力、バイオマスといった再生可能エネルギーです。再生可能エネルギーを使った発電では温室効果ガスの二酸化炭素（CO_2）が発生しないため、地球温暖化対策にもつながります。また、私たちは日々大量のごみを出していますが、そのごみのもとの製品をつくるためにも、ごみを処理するのにもたくさんのエネルギーが使われています。ごみを減らし、資源を再利用することも、地域環境を守ることにつながるのです。

解決アクション！

この社会課題と関係が深いSDGs

7 エネルギーを みんなに そしてクリーンに

太陽光や風力、地熱などの再生可能エネルギーは、環境への負荷が少ない次世代のエネルギーとして世界的に期待を集めています。

9 産業と 技術革新の 基盤をつくろう

現在から未来にかけてつかい続けられるエネルギーを世界中に普及させるためには、それにかかわる新たな技術を開発することとひとつの産業として成長させることが必要です。

12 つくる責任 つかう責任

現代はエネルギー源を消費者が選択できる時代です。エネルギーの消費者である私たちの選択が、持続可能なエネルギーを実現・普及させるうえでとても重要です。

電気はただ発電するだけでなく、環境のことも考えないといけないね。

豆知識

2018年時点で日本が化石燃料を輸入している国のトップは、石炭がオーストラリア、原油がサウジアラビアです。ちなみにエネルギー自給率の世界ナンバー1はノルウェーです（2017年時点）。

考えてみよう

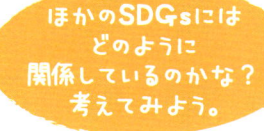

ほかのSDGsにはどのように関係しているのかな？考えてみよう。

Q1 海外のエネルギー資源に頼らないようにするには、どうしたらいいでしょう？ 考えてみよう。

Q2 これからの日本にはどのくらいのエネルギー量が必要になっていくのか調べてみよう。

Q3 エネルギー源（石油や天然ガス、再生可能エネルギーなど）を選択できるとしたら、どのような基準でエネルギー源を選択するか、考えてみよう。

10

伝統文化・技術をどう継承するか

技

楽しい夏祭りも、大事な伝統文化ってホント？

地域の芸能、工芸、歴史建造物など、日本には多くの伝統文化や技術があります。地域の夏祭りだって伝統文化です。それらは住民コミュニティの維持や、地域の産業や経済にとっても大切な存在ですが、高齢化が進む現代では、伝統文化の継承が難しくなっているケースもあります。

「人」と「現代の技術」で受け継がれていく伝統文化

日本各地にある伝統文化は、何世代にもわたり長い年月をかけて築きあげられてきたもの。そのため、地域の人々は伝統文化に対して誇りをもっています。伝統文化を通して地域住民同士が交流することによって、子どもの教育に生かされたり、さらには新しい技術を生むきっかけにもなっています。ただ、現代は少子高齢化が進み、伝統文化を残すうえでの不安もあります。そんな伝統文化の後継者や担い手が減少している今だからこそ、最先端のIT技術や人工知能（AI）と組み合わせて、未来に残すための新たな方法を考えていくことが必要かもしれません。次世代型の伝統文化を継承する方法の模索は進んでいることからも、伝統文化がいかに重要な宝であるかがわかります。

解決アクション！

この社会課題と関係が深いSDGs

9 産業と技術革新の基盤をつくろう

伝統文化を未来に引き継ぐためには、技術の継承だけではなく、いかに未来も必要とされる仕事として成り立たせていくかという考え方も必要です。

11 住み続けられるまちづくりを

住み続けられるまちづくりには、地域の自然を大切にしつつ、人と人とが織り成す、地域に根差した文化が必要不可欠です。魅力的な文化は社会にうるおいを与えます。

15 陸の豊かさも守ろう

日本の文化は、日本の自然と密接につながり成り立っています。自然を賢く利用し、大切な自然を保全することが、未来に向けた文化継承にも不可欠です。

地域のお祭りも立派な伝統文化のひとつ。これからも大事にしていきたいな！

豆知識

伝統文化を昔ながらのかたちで継承する一方で、最新鋭の技術と融合させる新しい取り組みも生まれており、たとえば東京ではプロジェクションマッピングと組み合わせた花火大会が開催されています。

考えてみよう

ほかのSDGsにはどのように関係しているのかな？考えてみよう。

Q1 ぼくたち（私たち）の地域にある伝統文化にはどのようなものがあるでしょうか？ 調べてみよう。

Q2 人工知能（AI）などの技術革新が、伝統文化の継承・保護にどのような貢献をするでしょうか？ 議論してみよう。

Q3 伝統文化を継承・保護するだけではなく、伝統文化を生かすことにより、何ができるでしょうか？ 一緒に考えてみよう。

11

老朽化が進む インフラ 朽

日本では古くなった橋やトンネルがどんどん増える？

日本の道路や橋、トンネル、港湾、公園などのほとんどは、1950年代〜1970年代の高度経済成長期につくられたものです。このような建設後何十年も経過している「インフラ」（→P55豆知識）が日本中には多くあり、今後のインフラ整備について考えていかなければなりません。

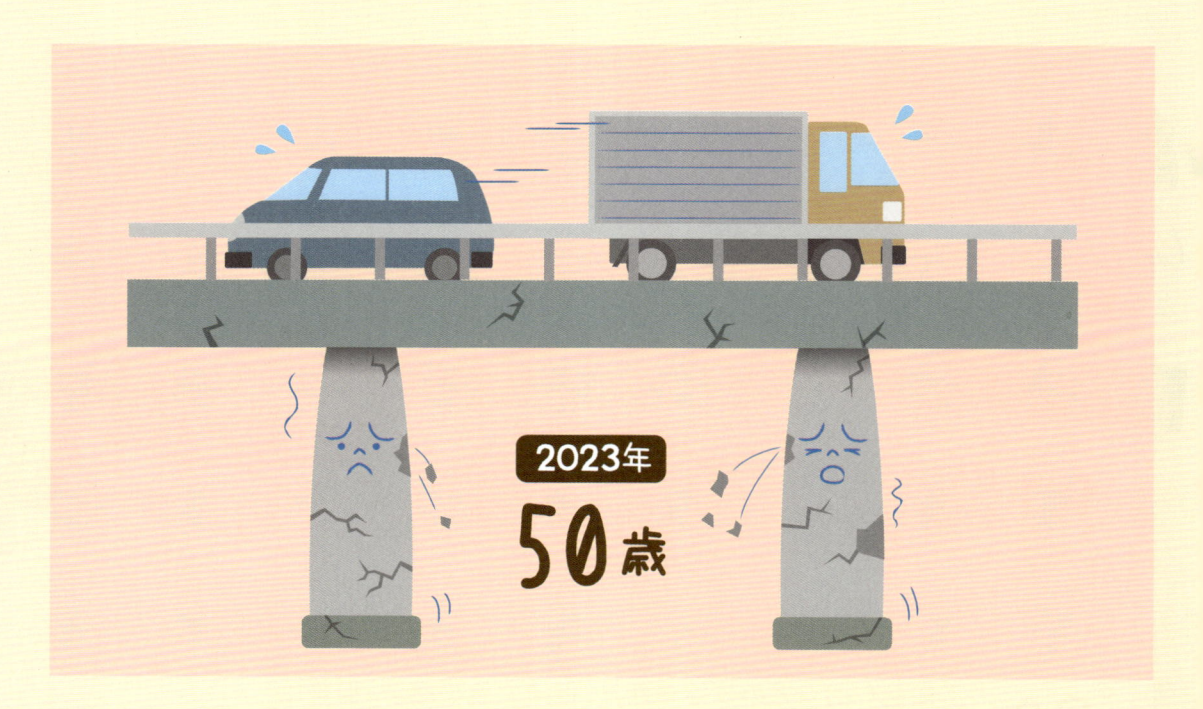

2023年
50歳

将来的な生活の豊かさを左右する、地域のインフラのあり方

日本にあるトンネルや道路や橋の30〜40％以上が、2023年には建設後50年を迎えるというデータがあります。時間が経ち老朽化したインフラは、当然もろくなった箇所を補修したり壊れている部分を修繕したりすることが望ましいですが、そのためのお金や人材が不足しているため、十分に対応ができていない自治体が多くあります。そこで各自治体は、インフラを長持ちさせるための長寿命化に向けた計画をつくっています。また、今後もしも公共のインフラが減ったとしても、人々の生活の豊かさを保つことができる社会のシステムづくりや、ほかの施設と組み合わせた多機能化、民間企業との連携など、次世代の地域づくりに向けた対策が求められます。

解決アクション！

この社会課題と関係が深いSDGs

3 すべての人に 健康と福祉を

インフラは、すべての人に必要な福祉サービスであり、特に高齢者、障がい者など移動手段が限られている人の生活には不可欠な社会的要素です。

11 住み続けられる まちづくりを

地域の生活に不可欠なインフラには、現在だけでなく今後の人々の暮らしを支える耐久性が必要です。

12 つくる責任 つかう責任

高度経済成長期に続々とつくられたインフラは、つくって終わりではなく、将来に向けた維持管理が大事になります。

すごく頑丈そうな橋やトンネルも、未来に向けて直していかないとね。

豆知識

インフラとは「インフラストラクチャー」の略称で、産業や生活の基盤として整備される施設を指します。まちのなかでは、道路や鉄道、送電網、通信施設、さらには病院や公園もインフラに当てはまります。

考えてみよう

ほかのSDGsにはどのように関係しているのかな？考えてみよう。

Q1 人口減少、超高齢化、大都市化などと、インフラ整備にはどのような関係があるでしょうか？ 考えてみよう。

Q2 老朽化した道路、橋やトンネルをそのままにしておくと、どのようなことが起きるでしょうか？ その影響を考え、共有してみよう。

Q3 「必要なインフラ」と「いらないインフラ」の違いはなんでしょうか？その違いを議論してみよう。

自然災害大国日本

日本ほど災害が起こる国は、世界でも珍しい？

近年日本で発生した、東日本大震災や西日本豪雨、御嶽山噴火（おんたけさんふんか）といった自然災害。なんだか日本は特に多いように感じますが、地形や地質、気象などの自然的条件が組み合わさり、日本は地震、台風、火山噴火、豪雨、洪水などの自然災害が発生しやすい国土なのです。だからこそ、平穏なうちから災害に備えなければなりません。

台風

地震

火山噴火

小さな島国なのに大地震も活火山の数も多い日本

世界で起こったマグニチュード6以上の地震のうち20.8%が日本で発生しており、世界にある活火山のうち7%が日本にあります。日本の国土面積が世界の1%にも満たないことを考えると、非常に高い割合です。いつ、どこで発生するかわからず、みんなが忘れたころにやってくる自然災害は、日常のちょっとした備えや防災の意識で、被害を減らすことができます。日本は昔から大きな災害に見舞われても、あきらめることなく何度も復興してきた歴史があります。だからこそ、今後も起こるであろうさまざまな災害に、地域の一人ひとりが力を合わせて立ち向かうためにも、今から備えていくことが必要です。

解決アクション！

この社会課題と関係が深いSDGs

13 気候変動に具体的な対策を

災害には気候の影響を大きく受けるものもあるため、災害への備えとともに気候変動への対策も必要になります。

15 陸の豊かさも守ろう

森林伐採（ばっさい）が土壌の保水機能を低下させ、針葉樹の植林が地滑り（じすべ）と関係しています。森林をしっかり管理することで自然災害を削減できると言われています。

17 パートナーシップで目標を達成しよう

地域の人とのパートナーシップが、自然災害の際の適切な対応につながると言われています。そのためにも日ごろの近隣住民との関係性づくりが重要です。

災害には一人ひとりの備えが大事。こわがっているだけじゃダメなんだ！

豆知識　日本列島は太平洋プレート、フィリピン海プレート、ユーラシアプレート、北米プレートという4つのプレートによって形成されています。そのため、地震や火山の活動が活発です。地面の下に災害大国日本の秘密が隠されているんです。

考えてみよう

ほかのSDGsにはどのように関係しているのかな？考えてみよう。

Q1 なぜ日本には自然災害が多いのでしょうか？
考えてみよう。

Q2 多くの自然災害を経験してきた日本、
どのような言い伝えや教えがあるか、調べてみよう。

Q3 災害に強いまちづくりに向けて、必要なことはなんでしょうか？
議論をしてみよう。

13

見直したい ローカル経済

地

日本は都会が元気なのに、地域は元気がない？

少子高齢化による人口減少や後継者不足、都市部への人口流入などの影響で、将来的に元気がなくなる可能性のある地域の経済。しかし、「ピンチはチャンス」という言葉があるように、現在の日本では新しい社会のあり方を「ローカル（地域）」から見直す動きが生まれています。

地域の"宝"を生かして、都市部に負けない盛り上がりを生み出す！

都市にならって地域に入るお金を増やす方法を考えるということも経済社会におけるひとつのかたちですが、現在は地域の人々のつながりや、地域にある名所や名物といった資源の魅力をあらためて見直す動きが多くなっています。こうした動きが起きているのは、目の前にある利益を追い求めるのではなく、将来にわたり地域で暮らす人々の安心・安全な暮らしを支える新たな経済をつくろうという目的があるからです。少子高齢化や人口減少によって、日本全国の多くの地域で人材不足などの問題に直面しているからこそ、地域それぞれの自然資源や文化資源を生かし、地域経済を盛り上げる新たな力を発掘する必要があります。

解決アクション！

この社会課題と関係が深いSDGs

8 働きがいも経済成長も

都市部におけるストレスが溜まる仕事から、自然豊かな地域に移住し、人と人との関係性を大切にしながら仕事をするという、働きがいを求める動きが出てきています。

9 産業と技術革新の基盤をつくろう

今ある技術や産業は、将来的になくなってしまう可能性があるものもあります。そのため、未来の地域経済を支える新たな産業を模索することも大事です。

17 パートナーシップで目標を達成しよう

地域の未来を決めることだからこそ、地域経済にかかわるアイデアを地域に暮らす人々とみんなで考え、協力しながらかたちにしていくことが重要です。

その地域ならではの魅力を生かしたアイデアで、地域を盛り上げられるなんて素敵！

豆知識

国内で一定期間内に生産された商品、サービスの価値の合計額であるGDP（国内総生産）は、2015年時点で東京・大阪・名古屋の三大都市圏が50%、その他の地域が50%を占めています。

考えてみよう

ほかのSDGsにはどのように関係しているのかな？考えてみよう。

Q1 「地域循環共生圏」とは、何を意味しているのだろうか？ 調べてみよう。

Q2 あなたが働きがいを見つけやすいのは、都市部でしょうか？ 地域でしょうか？ あなたのイメージする「働きがい」について、みんなと共有してみよう。

Q3 地域に多くの人を呼び込み、地域経済を盛り上げるには、どうしたらいいでしょうか？ 議論してみよう。

14

止まらない気候変動

環

日本は世界のなかでもどんどん暑くなっている国？

今までにないほど大量の雨が降ったり、冬なのに暖かい日が続いたり、少し前までは考えられない気候の変化が日本で起きています。気候変動の影響は私たちの日常生活だけでなく、農業や林業といった産業、植物や野生生物の分布などにもあらわれており、ひとつしかない地球を未来に残していくための対策が必要です。

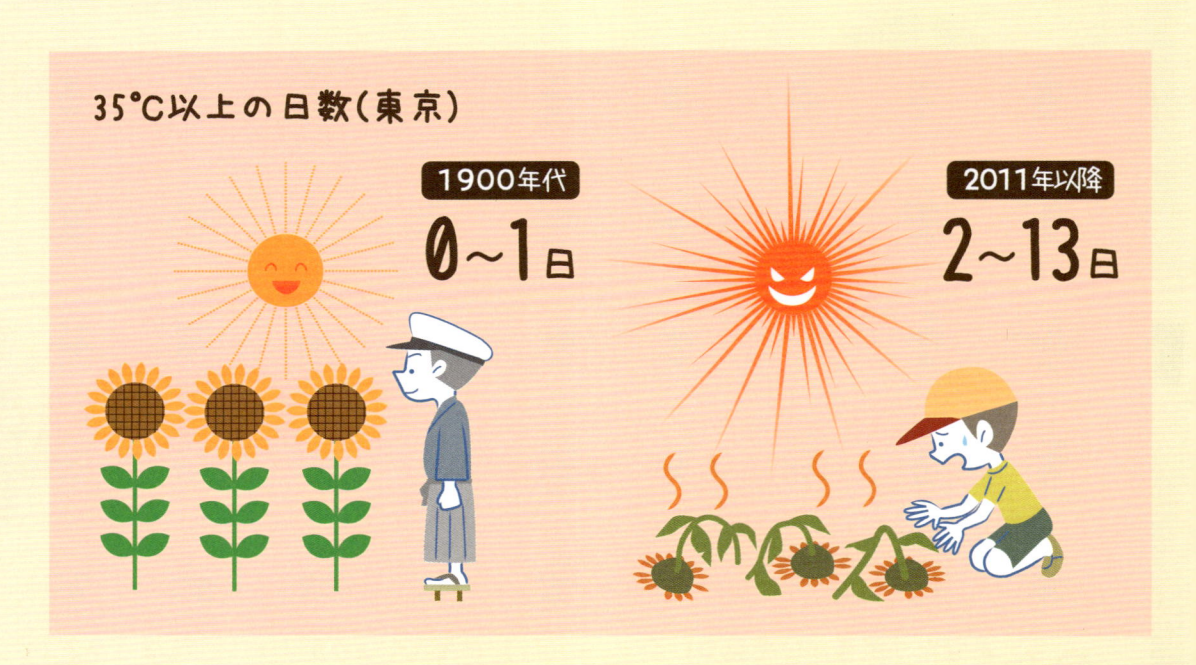

35℃以上の日数（東京）

1900年代
0～1日

2011年以降
2～13日

地球、そして日本の温暖化は温室効果ガスが原因

気候変動は世界全体で起きていますが、日本は特に進んでいると言われています。その代表的なものが年平均気温の上昇です。世界全体では19世紀後半以降の100年で年平均気温は0.72度 の割合で上昇していますが、日本は1898年以降の100年あたりおよそ1.1度の割合で上昇しています。これは、世界の年平均気温の1.5倍の上昇率です。これにより最高気温30度以上の真夏日と最高気温35度以上の猛暑日の年間日数は1931年から増加傾向にあり、そのうち猛暑日は10年あたり0.2日ずつ増加しています。気温上昇の原因である温室効果ガスの排出を抑える対策だけでなく、2015年に政府として初めて閣議決定された「気候変動の影響への適応計画」のような、社会や自然環境のなかですでにあらわれている影響に対しての対応も必要です。

解決アクション！

この社会課題と関係が深いSDGs

7 エネルギーをみんなに そしてクリーンに

化石燃料（石油や天然ガス）依存のエネルギー利用は、温室効果ガスである多くの二酸化炭素（CO_2）を出すことから、地球温暖化に拍車をかけています。

12 つくる責任 つかう責任

企業による生産活動、日々の生活における私たちの消費活動やライフスタイルそのものが、気候変動にも大きな影響を与えています。

13 気候変動に 具体的な対策を

気候変動には私たちの生活内容が大きくかかわっているため、地球温暖化への影響が少ない暮らし方に向けて見直していくことが求められます。

夏に暑い日が続くのは、やっぱり気候変動の影響なんだね。

豆知識

地球温暖化の影響は世界中の至る所で表れています。海水が熱膨張し氷河が溶けることで、今世紀末には海面が82センチメートル上昇すると予測されており、海面が上昇することで沈んでしまう島もあると言われています。

考えてみよう

ほかのSDGsにはどのように関係しているのかな？考えてみよう。

Q1 気候変動は日本以外にも影響を与えています。
日本への影響、海外での影響を調べて、共有してみよう。

Q2 平均気温が上昇している日本において、
快適に過ごすにはどうしたらいいでしょうか？ アイデアを共有してみよう。

Q3 気候変動を抑えるために、日常生活においてどのようなことができるでしょうか？
一緒に考えてみよう。

15

グローバルでつながる
経済の課題

経

これからのビジネスは お金を稼(かせ)ぎつつ世界の 課題も解決できる？

今まで世界中では自分たちの国の経済成長、そして自分たちの会社を成長させるために人々はがんばってきました。しかし、これからの地球の未来を担う企業や人々は、経済成長だけではなく、同時に地球上のさまざまな社会課題の解決にもつながる新たなビジネスのかたちをつくりあげることが求められます。

世界の人々や企業のネットワークが、地球上の笑顔を増やす

今後のビジネスでは、お金にかかわる経済とみんなが幸せに生活できる社会の豊かさを、将来にわたって継続して発展させる活動が必要になります。そこで大切なのは「自分や、自分の国さえよければそれでいい」という間違った考えをもたないこと。世界の課題となっている経済的な不平等や気候変動、エネルギー資源問題などを、自分にも関係のある地球規模で考えるべき課題として、これまで以上に世界中の企業や人々が協力・連携しながらかかわっていかなければなりません。そうすることで、世界中の人々がエネルギー・資源・食料を安定的に確保しながら、安心で安全な質の高い暮らしを実現することができます。地球上のグローバルな課題は、世界中の人々が協力して解決につなげる「新しい価値」をつくり出す時代なのです。

解決アクション！

この社会課題と関係が深いSDGs

9 産業と技術革新の基盤をつくろう

たとえ地球上にある社会課題を解決するビジネスであっても、その貢献が一時的なものでは不十分です。将来にわたり継続できるかたちを築くことが必要です。

12 つくる責任 つかう責任

1980年代後半の経済のグローバル化にともない、日本にいながら世界中のあらゆる物が手に入る時代になりました。また、日々の消費行動がグローバルな経済と深くつながっています。

17 パートナーシップで目標を達成しよう

IT技術などが発達した現代では、世界中の企業や人同士が離れていても、情報を交換しながら世界をもっとよくするパートナーとして活動できます。

世界中の人とつながって、幸せな地球をつくるスペシャルチーム結成だ！

豆知識 グローバル化は、世界レベルの自由貿易、輸送革新、通信革新、世界標準規格などのメリットをもたらす一方で、所得の格差や先進国都市へお金や権限が集中するなどのデメリットももたらすと言われています。

考えてみよう

ほかのSDGsにはどのように関係しているのかな？考えてみよう。

Q1 日常生活において食べている食材や、使用している機材（スマートフォンなど）の原材料はどこからきているのでしょうか？ 調べてみよう。

Q2 「グローバルでつながる経済」、「ローカルでつながる経済」のメリット、デメリットについて、具体例を挙げて議論をしてみよう。

Q3 「倫理的消費（りんりてき）」とは、どのようなものでしょうか？調べて共有をしてみよう。

高ストレス型社会からの脱却

心

日本は世界のなかでも特に自殺が多い国ってホント？

日本では自ら命を絶つ「自殺」が大きな社会問題になっています。先進国のなかでも特に日本は自殺での死亡率が高く、その理由として日常生活での悩みやストレスが関係していると考えられています。自殺を減らし、一人ひとりが笑顔で生活できるようになるためには、どのようにストレス社会と向き合っていくかが重要となります。

自殺による死亡率
（2018年：学生）

7.7　17.8　13.3

（人口10万人あたりの死亡者数・人）

日本は学校や会社でストレスを抱えすぎている！

社会問題になっている自殺ですが、日本では特に15〜39歳の死因の第1位が自殺となっており深刻化しています。自殺によって命を落とした小学生・中学生・高校生は、2018年度は250名で、自殺による死亡率（人口10万人あたりの死亡者数）では英国は6.6、ドイツは7.7、米国は13.3ですが、日本は17.8と先進国のなかでも高い傾向にあります。若年層だけでなく、企業においても働きすぎやストレスによる過労死が問題視されており、政府としては過労死などの実態を明らかにして国民や企業の理解と関心を深め、過労死を効果的に防止していくことを目標に掲げています。大人は仕事と生活との調和を目指す「ワークライフバランス」を保ち、子どもたちは学校生活でさまざまな価値観をもった人たちを認め合い、一人ひとりがストレスを抱えない社会づくりが必要です。

解決アクション！

この社会課題と関係が深いSDGs

3 すべての人に健康と福祉を

こうせいろうどうしょう
厚生労働省の調査では、日本に住む人のほぼ半数が「日常生活での悩みやストレスがある」と感じています。生きづらさ、不自由さ、何かの欠如や
けつじょ
過剰がある人でも、ストレスなく暮らせる社会づくりが必要です。
かじょう

5 ジェンダー平等を実現しよう

性別によって差別される社会は、必然的に人々のストレスを生み出します。男女の社会的性差をなくし、お互いのよさを引き出し合える社会をつくることが重要です。

10 人や国の不平等をなくそう

人種、性別、身分などによって差別されず、表現の自由が確保される基本的人権を尊重することが、高ストレス社会からの脱却を促すための第一歩になります。

友だちとはお互いに悩みを打ち明けられる関係でいたいね。

豆知識

自殺に踏みきるほど悩んでいる人には、体調不良が長引いていたり、イライラしていたり、自殺について話したりと、さまざまな特徴があります。自殺を防ぐためには、学校や会社で悩みに関するアンケートを実施したり、周囲の人の"変化"を気にかけておくことが有効です。

考えてみよう

ほかのSDGsにはどのように関係しているのかな？考えてみよう。

Q1 あなたにとって、「高ストレス」とはなんでしょうか？書き出してみよう。

Q2 「高ストレスがない社会」とは、どのような社会だろうか？描く社会像を共有してみよう。

Q3 社会全体がストレスなく生活できる環境になるために、改善すべきことはなんでしょうか？議論を深めてみよう。

みんなの「未来意志」が世界を変える

第2章では日本の社会課題を通じてSDGsを学びました。みなさんの心のなかにも「なにかをはじめなくちゃ」という気持ちがわいてきたのではないでしょうか。ここまでの日本の社会課題は、ETIC.（エティック）という日本を元気にするための活動をしている団体のみなさんに協力してもらい紹介することができました。そんなETIC.からみなさんへのメッセージです。

人口減少、少子高齢化、地域の過疎化、エネルギー不足、自然災害。現在の社会課題にもとづいて、未来を予測する「データ」はたくさんあります。ですが、そんな「未来予測」だけではわくわくする未来は描けません。

みなさんは、今から10年後、20年後、どのような社会で暮らしていたいですか？

そのために今、どんなことができるでしょうか？

これからに必要なのは、未来を予測するだけではなく、ポジティブに次の社会をつくろうとする「未来意志」をもつことです。私たちETIC.では、そんな「未来意志」をかたちにしたい高校生や大学生、起業家、リーダーのみなさんを応援する活動をしています。この書籍では、「こんな社会をつくりたい！」という思いのある活動をたくさん紹介しています。

たとえば、日本でもいち早く少子高齢化が進む島根県雲南市では、病気になってから病院で看護師と出会うのではなく、日常の町の中で気軽に相談ができる、予防のための新しい看護師「コミュニティナース」の普及を行っています。活動は高齢者のためだけにとどまらず、住民同士をつなぐ役割もあります。

また、2011年に、東北を中心に甚大な被害を生み出した東日本大震災。復興にあたって、持続可能な社会を目指した先進的な取り組みがたくさん生まれています。たとえば、全国からの寄付で集まった車を、避難所の住民同士で共同使用する「カーシェアリング」の仕組み。それによって、津波などで車を失った人の助けになったことはもちろんですが、以前より高齢者の外出が増えたり、住民自身がカーシェアリングを運営することで地域住民の結束が強まるなど、さまざまな効果があらわれています。

これまでは、先進的な取り組みが生まれるのは、東京などの首都圏が中心だと思われていました。しかし現在は、インターネットやSNSなどテクノロジーの発展によって、いつでも、だれでも、どこでも、創造的な仕事ができるようになりました。ほしい情報をすぐに手に入れることができたり、日本だけでなく、世界中の人たちとコミュニケーションをとれたり、国内外でつながり合いながら、アイデアをかたちにすることができるのです。

「未来意志」をもつことは、難しいことではありません。ここで紹介している取り組みは、ほんの小さな気づきや、ちょっとした問題意識から始まっています。さまざまな人と協力し、コラボレーションをすることで、だんだんアイデアを実現しているのです。

みなさんが、今気になっている問題や、興味のあることはどのようなことですか？　この本には、これからの社会をつくり出すみなさんにとってのヒントがたくさんつまっています。社会課題をチャンスと捉え、ポジティブに次の社会をつくろうとする「未来意志」を、みなさんもぜひ見つけてみてくださいね。

社会課題とプロジェクトを多数紹介「社会課題解決中マップ」

P30-32で紹介した31個の日本の社会課題をさらにくわしく解説し、ポジティブに次の社会をつくろうとするさまざまなプロジェクトを「課題解決中マップ」というウェブサイトにまとめて公開しています。掲載しているプロジェクトは、SDGsとオリジナルの社会課題カテゴリに分類しているため、自分の興味関心からいろいろなプロジェクトにアクセスすることができます。

第2章では特にみなさんと関係の深そうなものをピックアップしていますが、ウェブサイトではそれ以外の課題も解説しているのでぜひのぞいてみてくださいね。社会課題をもっと知るために、たくさんの「未来意志」をもっとよく調べるために、社会課題解決中マップを活用してみましょう！

ウェブサイトでくわしい内容を紹介中！ ▶

"未来意志"を応援し合う！「応援会議-Beyond（ビヨンド） ミーティング"」

この本を読んでみて「こういうことをやってみたらどうだろう」「こんなことも課題じゃないか」などさまざまなアイデアが頭に浮かんでいると思います。せっかく出てきたアイデアはみんなで共有してみましょう。

ETIC.では、毎月1回、「応援会議-Beyond ミーティング」というイベントを開催しています。「応援会議-Beyond ミーティング」とは、高校生や大学生も、企業の人も、公務員の人も、NPOの人も、みんなで一緒になって実現したいアイデアを発表し、みんなで応援し合う場です。実際に高校生のアイデアからプロジェクトが立ち上がり、実現に向けて動き始めているアイデアもあります。

ぜひ、みなさんも、学校や部活動、おうちなどで、「応援会議-Beyond ミーティング」を開催してみませんか？「応援会議-Beyond ミーティング」は、アイデアをもっている人同士が集まれば、いつでもどこでも開催できます。

「応援会議-Beyond ミーティング」の流れ

① 「もっとこうしたい！」「こんなことがあったらいいな」アイデアをもってる人同士で集まろう！

② それぞれ、アイデアを発表してみよう！

③ 「アイデアをもっとよくするには？」「本当に実現するにはどうしたらいい？」みんなで一緒に考えてみよう！

日本中で始まっている、新しいチャレンジ！

明るい地域をつくる活動

ここまで日本にあるさまざまな社会課題をSDGsと関連づけて勉強してきました。では、それらの社会課題はどのように解決していけばいいのでしょうか？ 実は、すでに日本各地で社会課題を解決するための新たな取り組みが生まれているのです！身近な問題を解決するヒントをみんなで見てみましょう！

04 日本が一歩先ゆく
超高齢化社会
齢

09 希薄化・孤独化する
コミュニティ
独

11 住み続けられる
まちづくりを

R65不動産【東京都】

高齢者の「自分らしい暮らし」を一緒に見つけるサポート役 65歳以上専門の不動産仲介

日本の高齢者は、家を借りようとしても借りられない場合が多いことを知っていましたか？「R65不動産」は、高齢者が住める物件紹介サイトなどを通じて、年を重ねても自分らしい生活をおくるための活動をしています。

問題 部屋を借りられない高齢者、つながりの少ない地域コミュニティ

活動 高齢者が安心して家を借りられるお手伝い

大家さんが高齢者に家を貸す時に心配するのは、入居後の孤独死や家賃滞納などのお金についてです。そこで物件紹介サイトの運営のほか、電力会社と連携した見守りサービスを取り入れ、高齢者だけでなく大家さんも安心できる仕組みを提供しています。

発展 高齢者と地域をつなげる活動

少子高齢化の進むこれからの社会では、高齢者も含めたさまざまな人を受け入れるための地域の仕組みが必要です。R65不動産では、行政やNPOと連携した見守りサービスを広めたり、自宅を手放したい高齢者と、その場所を店として使いたい若者をつなげるなど、地域づくりにも取り組んでいます。

くわしい活動内容はこちら！

04 日本が一歩先ゆく
超高齢化社会
齢

07 膨れ上がる社会保障費
保

09 希薄化・孤独化する
コミュニティ
独

10 延ばしたい健康寿命
健

コミュニティナースカンパニー【東京都】

病気になる前から、自分の体と健康に向き合うためのまちの新しい医療人材「コミュニティナース」

世の中には病院に行くのが嫌だったり、家から病院が遠くて行けない人がいます。そこで、病気になる前からまちの人と出会い、暮らしのなかで医療の知識を生かす「コミュニティナース」が地域の健康を守っています。

問題 身近に健康問題を相談できる人や施設が少ない

活動 暮らしのそばに、健康づくりのパートナーを

元気で楽しく暮らすためには、日ごろから体や健康に関心をもち、重い病気になる前に予防や治療をすることが大切です。コミュニティナースは、公民館や郵便局、ガソリンスタンドなど、暮らしのそばで健康相談を受け付けたり、地域住民の健康意識を高める活動を行っています。

発展 まち、そして全国に広がるコミュニティナース

「コミュニティナースカンパニー」では、企業とコミュニティナースが連携して、日常的に住民や働く人との接点をつくり、健康問題へのサポートや健やかに働ける職場づくりの事業化を目指しています。また、全国各地にコミュニティナースを普及させるため、研修会などを通じた人材育成も積極的に行っています。

くわしい活動内容はこちら！

フィッシャーマンジャパン【宮城県】

ずっとおいしい魚を食べるための若手漁師たちの活動

海のまち・宮城県石巻市（いしのまきし）では高齢化が進み、漁師の担い手が少なくなっています。そんななか、漁師という『カッコイイ仕事』を社会に広め、若い漁師を増やす活動を行っています。また、漁業ができる環境づくりにも取り組んでいます。

問題 高齢化などによる漁師の担い手不足

活動 漁師を増やすための教育・就職の応援

若手漁師「フィッシャーマン」を2024年までに1,000人増やすことを目標に、現役の漁師や大学教授が「海の先生」となり、漁師になりたい人に技術を教える活動をしています。漁師として港町で暮らすうえでの相談にものっています。

発展 漁師が増え、みんながずっと魚を食べられる未来に

漁師が増えても、魚をはじめとした海の生き物を自由に取り続けていると、いつかはいなくなってしまいます。そこで、養殖業（ようしょくぎょう）を増やしたり、捕獲（ほかく）できる魚の量などのルールをつくったりして、将来もみんなが魚を食べられるように海の資源を守っています。

くわしい活動内容はこちら！

Homedoor（ホームドア）【大阪府】

ホームレス状態を生み出さない日本をつくる

家やお金、仕事がない「ホームレス」と呼ばれる人たちが、日本には大勢います。「Homedoor」では、ホームレスの人たちが自分らしく生活していくためのさまざまな支援活動を行っています。

問題 ホームレス状態から抜け出しにくい社会

活動 ホームレスが社会に戻るためのお手伝い

Homedoorでは、食事や洗濯、交流イベントに参加できる生活応援施設「アンドセンター」を運営し、ホームレスの人々にとっての"居場所"をつくっています。また、大阪でシェアサイクル「HUBchari（ハブチャリ）」を展開し、ホームレスの人々が自転車を使って仕事を得るきっかけも提供しています。

発展 ホームレス問題についてみんなに知ってほしい

ホームレス問題はとても身近な課題であり、病気やけがによって仕事を失い生活できなくなる可能性はだれにでもあります。Homedoorでは、ホームレス状態になった人が社会復帰しにくい状況にあることを多くの人に知ってもらうため、全国各地で講演を行っています。

くわしい活動内容はこちら！

06 マイノリティの
人々の幸せ向上

08 安心して出産し
子育てできない社会

28 時代に合わせた
幸せの模索と実現

オレンジキッズケアラボ【福井県】

医療ケア児と家族の笑顔と成長をサポートし社会に新しい当たり前を創り出す

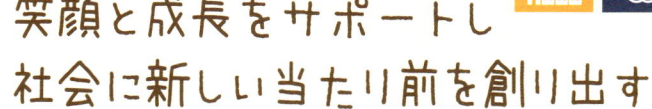

医療ケアの必要な子どもたちが増え、病院から地域へと生活拠点を移しています。「オレンジキッズケアラボ」は、彼らの居場所をつくり、笑顔で当たり前に暮らせる社会の実現に向けた挑戦を続けています。

問題 医療ケア児の"ゼロイチ"体験の不足

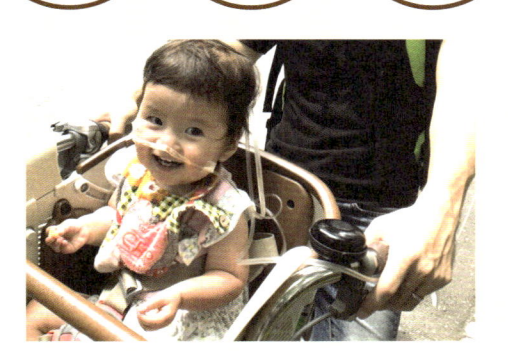

活動 毎日の変化を楽しみ、みんなで笑顔を共有する

子どもたちの挑戦する気持ちを大切に、積極的に外の世界へと飛び出しています。家族のもとへ帰る時にはひとつでも変化が生まれているように。医療ケアの有無で線を引かず、できると信じて、笑顔で活動しています。

発展 子どもたちの挑戦が、社会の当たり前を変える

医療ケア児と一緒にやったことのない"ゼロイチ"体験をこれからも。そこに初めての出会いや気づきが生まれ、社会に化学変化が起きると信じています。2020年はだれもが当たり前に暮らし、楽しめる社会へ。

くわしい
活動内容は
こちら！

たしかに大都市だけでなく、地域でも活発に新しいチャレンジが生まれているね。

困っている人にとってはなくてはならない活動ばかりだ。

ゼロ・ウェイスト【徳島県】

仲間を増やし、まちのごみを「ゼロ」にする活動

©Masataka Namazu

「ゼロ・ウェイスト」という言葉には、『無駄・ごみ・浪費をゼロにする』という意味があります。それは、廃棄されたごみの処理方法を考えるのではなく、そもそもごみを『生み出さない』ようにしようという考え方。ごみをなくす取り組みは徳島県から少しずつ広まっています。

問題 資源の無駄づかい、ごみを燃やすことによる環境などへの影響

活動 ごみをできる限り出さないようにする

徳島県上勝町では、無駄なごみをなくす「ゼロ・ウェイスト宣言」を行いました。買い物の時のマイバッグ持参を呼びかける「ノー・レジ袋キャンペーン」、ごみの分別を促進するためのポイント制度、ごみを再利用するための無料のリユーススポット「くるくるショップ」の運営など、小学生からお年寄りまで、たくさんの住民と一緒に活動を進めています。

発展 「ごみを燃やさない」を合い言葉に増える仲間

ごみのリサイクルには多くのエネルギーが必要であり、地球の限りある資源を守るためにも、ごみ自体を「なくす」こと、資源がしっかりと「循環」する仕組みをつくることが大切です。徳島県上勝町の取り組みをきっかけに、ごみを出さないように努力する企業やお店、地域を公式に認定する「ゼロ・ウェイスト認証制度」がつくられ、徐々に「ごみをなくす」考え方が全国に広まっています。

くわしい活動内容はこちら！

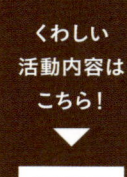

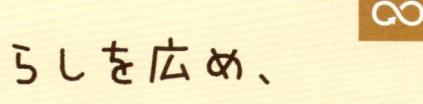

森の生活【北海道】

森のある暮らしを広め、持続可能なまちづくりを

北海道下川町ではこれまでの林業のあり方を見直し、「木を余すところなく使う」を合い言葉にさまざまな活動を展開。木という自然の恵みを無駄なく地域内で循環させる持続可能なまちの新しい仕組みを発信しています。

問題 森林資源の無駄づかい

活動 広葉樹を有効活用するプロジェクト

「森の生活」では、地域の自然資源である広葉樹を有効活用するため「しもかわ広葉樹プロジェクト」を発足。木工作家や加工業者と連携して、広葉樹を使って家具やクラフト製品を生み出しています。

発展 森林資源の魅力にふれる体験プログラムを開催

枝葉を活用した精油づくりや木の実を使った染め物など、森林資源のすばらしさを学ぶことができる「体験プログラム」や、町内の幼稚園・小学校・中学校・高校という15年一貫の森林環境教育も開催しています。一人ひとりの森林資源に対する意識が変わることで、持続可能なまちはつくられるのです。

くわしい活動内容はこちら！

 23 見直したい ローカル経済 地

 27 社会づくりに 参加しやすく 社

油津応援団【宮崎県】

 11 住み続けられる まちづくりを　17 パートナーシップで 目標を達成しよう

多様な人の力で
シャッター街に人を呼び戻す

「油津応援団」は、宮崎県日南市にある空き店舗ばかりになったシャッター商店街を盛り上げるために結成されました。その思いに共感する色んな人が集まり、活気あふれる新たな商店街として生まれ変わっています。

 問題 人のいないシャッター商店街 にぎわい不足の地域経済

 活動 ## 商店街に新たな お店を呼び込む

油津応援団は、シャッター商店街に新しいお店を集めることを目的として、2014年に結成されました。その結果、2017年までに新たに29店舗やオフィスなどが誕生しました。いわゆる店舗をオープンさせるだけではなく、経営をサポートするために、さまざまなジャンルのお店や企業とのコラボレーションも成功させています。

発展 ## 幅広い人が集まる 個性豊かな商店街

今では、大学生の経営によるゲストハウス、幅広い世代が交流できる交流スペース、だれもが気軽に入れる屋台村などが開店し、さらに個性豊かな商店街になりました。東京から誘致されたIT企業のサテライトオフィスができたことで、働く若者も増加。保育園や子育て支援センターもつくられ、商店街はにぎわいを取り戻しています。

くわしい 活動内容は こちら！

課題の解決には、思いに共感する仲間も大切なんだね！

身近な課題ばかりだから、自分なりの活動のヒントになりそう！

エーゼロ【岡山県】

林業と水産業をつなげ、うなぎを森で育てる！？

岡山県西粟倉村は、村の93%が森林。その自然豊かな村で、「エーゼロ」は『森でうなぎを育てる』ことに取り組み、農業と林業と水産業をつなげる新たな試みになっています。

問題 横のつながりのない農業・林業・水産業 活用しきれていない資源としての森

活動 森林資源でうなぎを育てる

エーゼロの「森でうなぎを育てる」事業では、森林資源を有効活用しています。うなぎを育てるためには、水槽の温度を25〜30度にキープする必要があり、水を温める燃料の一部に製材所で捨てられる端材を使っています。

発展 うなぎ養殖を通じて資源が循環する仕組みをつくる

養殖で発生する排水には、植物の肥料となる多くの養分が含まれています。この排水は畑にまかれ、さまざまな野菜を育てています。そのような資源の循環を森からつくり出していくことで、農業・林業・水産業のつながりを生み出していきます。

くわしい活動内容はこちら！

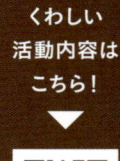

日本カーシェアリング協会【宮城県】

寄付車を使った、持続可能なカーシェアリングシステム

宮城県石巻市では、2011年の東日本大震災以降に寄付された車を有効活用して、地域内で車を共有して使う「コミュニティ・カーシェアリング」を開始し、高齢者をはじめとした地域住民の移動を支援しています。

問題 災害時の車不足、高齢者の移動手段の確保

活動 復興の思いが宿る車をご近所さんと一緒に使う

東日本大震災で約6万台の車が被災した石巻市にはたくさんの車が寄付されました。それらの車を活用して「カーシェアリング」を開始。震災によって移動手段が奪われた地域住民の貴重な移動手段となっています。

発展 寄付された車が災害後の地域の力になる

震災を機に始まった寄付車を使ったこの活動は、今後の災害時における車不足対策、生活困窮者や非営利活動などへの支援、少子高齢化やコミュニティの希薄化への対策としても生かされ、ほかの地域にも広がっています。

くわしい活動内容はこちら！

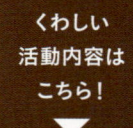

第3章

未来のために
がんばっている
企業の活動

パナソニック

いいコトつづく、いいコトづくり。

およそ100年前、まだ必要なモノが十分になかった時代。パナソニックの創業者、松下幸之助は、「モノづくりを通して、世の中をよくしよう」と考えました。

そのために必要なのは、よいモノを、水道の水のように豊富につくること。そして、そこから利益をもらうこと。利益がなくては、新しいモノをつくることができません。理想の世の中をつくるためには、「利益をもらって、続けていくことが大切だ」と、幸之助は繰り返し訴えています。

時代は変わり、今、求められているのは、「モノ」だけではありません。しかし、「続けていくこと」の大切さは、同じです。よりよい世界を目指した、「いいコトづくり」が、いつまでも続けられるように。SDGs に貢献できる「循環」を、みんなで考えていきましょう。

未来のサスティナブルタウン

技術2
79ページを見てね！

湿った

水道哲学 （松下 幸之助）

この世に必要な物を、ただにひとしい水道の水のように豊富にすれば、私たちの貧苦はなくなるであろう。そうすると、私の使命は、水道の水のように、豊富で価値のある電気器具をつくり出すことだ。現実には、なかなかそうはいきませんが、この世の理想としては、物資をただにひとしくなるほど、あふれさせることだと考えたのです。

植物工場

公園のミストが水に戻り、植物が根から吸いこんで成長します。まちのなかでも野菜がつくれて、新鮮なものをすぐに食べられるよ。

ソーラーパネル

太陽の光を受けて、電気を生み出します。石油や石炭を燃やす火力発電と違って、空気を汚さずにエネルギーをつくれるんだ。

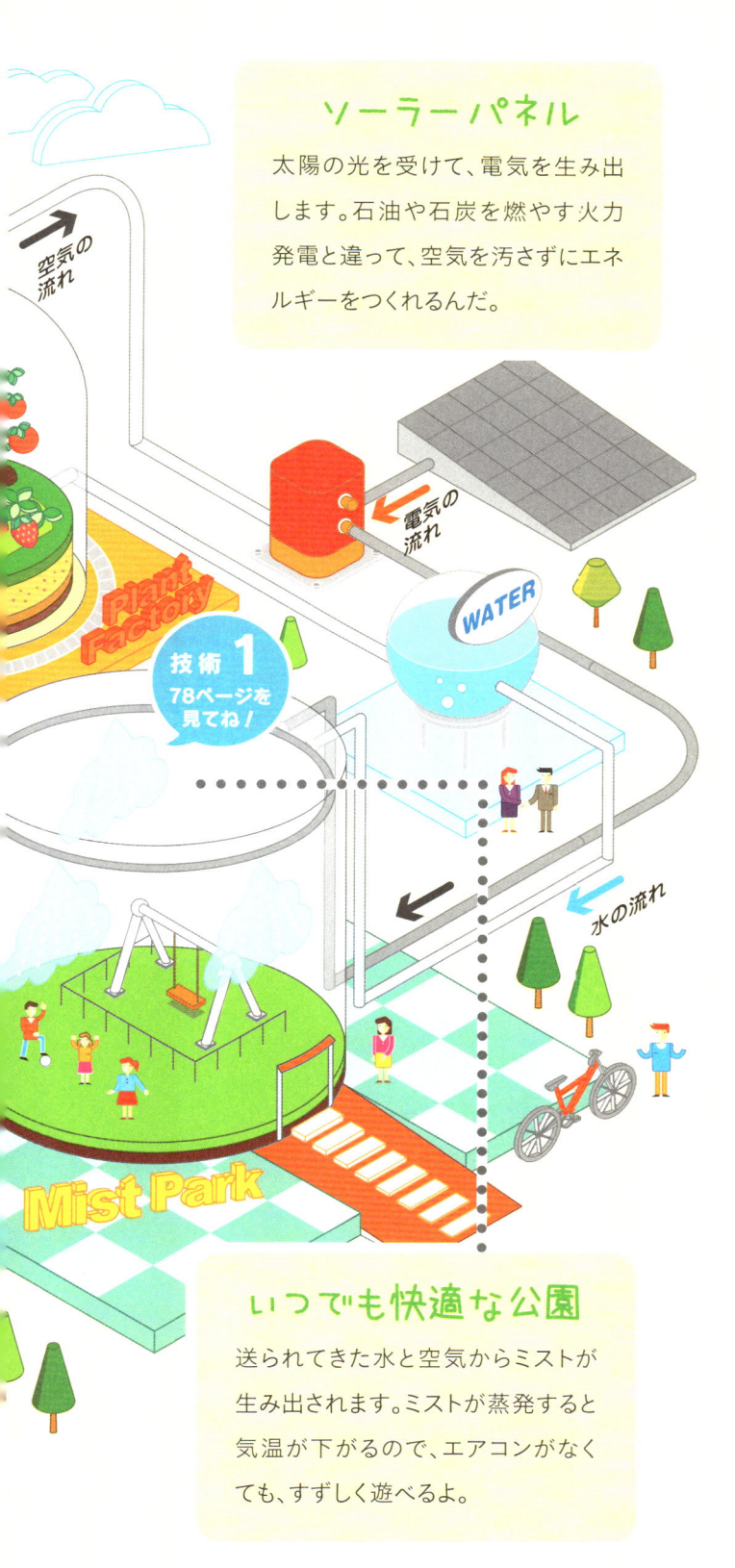

空気の流れ

電気の流れ

WATER

技術 1
78ページを見てね！

水の流れ

Plant Factory

Mist Park

いつでも快適な公園

送られてきた水と空気からミストが生み出されます。ミストが蒸発すると気温が下がるので、エアコンがなくても、すずしく遊べるよ。

松下幸之助の考えた循環

モノが売れる

社会が発展する

モノがない時代に、幸之助は世の中を便利にして、豊かな社会にしようとしました。

今、企業に求められる循環

いいコトをつくる

いいコトが続く

いいコト（社会のために役立つサービスや商品）をつくり、いいコト（SDGs）を続けることに貢献します。

パナソニック

技術1 ミスト冷却(れいきゃく)システム「グリーンエアコン」

水の力で
空気を
つめたく！

今までのエアコンは、部屋を冷やすために屋外に熱を追い出していました。これは地球温暖化などにつながり、環境の未来をおびやかします。

そんななか注目されているのが、水と空気だけを使う自然にやさしいグリーンエアコンです。細かな水のつぶ「シルキーファインミスト」が屋外でもすずしい場所をつくってくれます。水のつぶは髪の毛の太さよりずっと小さな約10マイクロメートル以下で、ミストをあびても、はだはあまりぬれを感じません。

すずしくなる仕組み

気化冷却

水が周囲の熱をうばって、水蒸気になって見えなくなること。小さなミストは気化しやすく、空間を効率よく冷やしてくれます。

擬似発汗

汗をかいたあとに、体が冷えたことはありませんか？ ミストが体の熱をうばって気化することで、すずしく感じるようになります。

植物工場システム（アジアモンスーンモデル）

やせた土地に
豊かな
実りを！

植物を育てる仕組み

パッシブハウス型農業システム

太陽光など自然の力を生かして、少ない
エネルギーで栽培できるようにコント
ロールします。

農業用ミスト

高いところから細かな水のつぶをまくこ
とで、高温になりすぎるのを防いでくれ
ます。

水分センサー

イチゴやトマトを切ることなく、どれくら
い元気よく育っているかを調べることが
できます。

野菜や果物を育てるには、気候や土地の状態などさまざまな条件が必要です。たとえば、すずしさを好むイチゴや猛暑に弱いトマトを、高温多湿な環境で育てるのは今まで困難でした。

しかし、さまざまな技術を組み合わせれば、栽培環境が恵まれない地域であっても、イチゴやトマトといった価値の高い農作物を育てられるようになります。

※この研究は、農研機構生研支援センター「『知』の集積と活用の場による研究開発モデル事業」の支援を受けて行われました。

アドベンチャーワールド

豊かな自然とSmile（スマイル）であふれる、持続可能な社会を実現する循環型パーク

和歌山県白浜町（しらはまちょう）にある「アドベンチャーワールド」は、動物やアトラクションといった楽しみ盛りだくさんのテーマパークです。「こころにスマイル 未来創造パーク」をテーマに、すべての人が心の底から楽しむことができ、人生の未来へプラスの影響をもたらす、環境保全や教育にもつながる"循環型パーク"を目指しています。また、ジャイアントパンダをはじめ、希少動物（きしょうどうぶつ）の繁殖（はんしょく）に成功し、保護研究活動に努めています。

アドベンチャーワールドについて

和歌山県白浜町にある陸・海・空の140種1,400頭の動物が暮らすテーマパークです。人間（ひと）、動物、自然を通してパークを訪れる一人ひとりが前向きになるきっかけを創り、人生の未来へプラスの影響をもたらす存在でありたいと考えています。

取り組み1 ジャイアントパンダとともにSDGsに参加

世界にはこんな問題が

放置竹林の拡大による里山の環境悪化

大阪府岸和田市（きしわだし）にある竹林では、竹が生えすぎることで里山に暮らす動物や、植物にとっての環境が悪化しています。放置竹林は周辺植物の順調な生育を妨げることから、里山の生態系を保つためにも対策が必要です。

取り組みの内容

岸和田市の竹を、アドベンチャーワールドで飼育するジャイアントパンダの食事として活用しています。ジャイアントパンダも大好きな竹を食べることで、一緒に竹林問題の解消に取り組んでいるのです。将来的には、竹の堅い部分を燃料や肥料、食用の竹粉などに使い、竹という資源をパークで循環させていきます。

取り組み2 紙に替わる新素材「LIMEX（ライメックス）」の導入

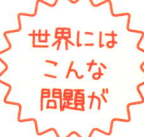
世界にはこんな問題が

紙の原料となる森林資源の減少

紙は木を原料につくられるため、過度に紙を必要とする生活は木の伐採が進み、森林減少の原因になります。森林の環境変化が進むと、その土地の生態系が崩れるという大きな問題へと発展してしまいます。

取り組みの内容

パークで使用する紙製のパークガイドを、2018年の冬から、石灰石を主原料とする素材「LIMEX」製に切り替えました。「LIMEX」は木や水をほとんど使わずにつくることができるため、森林資源と水資源を守ることに貢献しています。リサイクルによって価値の高いものに変えていくアップサイクルも進めています。

取り組み3 「ドリームナイト・アット・ザ・ズー」の開催

世界にはこんな問題が

すべての人が心の底から楽しめない現状

障がいのある人のなかには、周囲の人に遠慮してテーマパークに来園できなかったり、来園しても楽しめない人がいます。すべての人が幸せに生活できる社会を実現するためにも、解決しなければならない課題のひとつです。

取り組みの内容

2017年から、障がいのある18歳以下の方とその家族を招待する「ドリームナイト・アット・ザ・ズー」を開催しています。動物とのふれあいや気兼ねなく楽しめる環境を整備し、家族の絆（きずな）をより深めていただく、かけがえのない思い出づくりのお手伝いをしています。

カシオ計算機（けいさんき）

子どもと環境にやさしい「水銀フリー社会」の実現

世界初の小型純電気式計算機や耐衝撃腕時計（たいしょうげき）など、今まで世界になかった新しいモノづくりに挑戦し続けるカシオ。その創造力を生かし、2010年に高輝度プロジェクターでは世界で初めて水銀フリー（水銀を使わない）プロジェクターを開発しました。その背景には、世界中の子どもたちの健康や自然環境に悪影響を与える水銀をなくすための熱い思いがあります。

カシオ計算機について

時計や電子辞書などの身近な製品を数多く提供するメーカーとして、使う人のことを第一に考えるユーザーファーストの視点をもち、現代、そして未来の暮らしに役立つ製品開発に取り組んでいます。

水銀ってなに？

土や空気、水などに微量に含まれている金属の仲間で、蛍光灯などの家庭用製品に使われています。その一方で、毒性があるため、正しく管理・廃棄しないと自然環境は汚染され、人体に取り込むと健康被害を引き起こす恐れがあります。

世界にはこんな問題が

発展途上国を中心に水銀汚染は問題となっています。日本では蛍光灯や体温計など、水銀が使われていた製品が水銀を使わない製品に切り替わってきていますが、発展途上国では金の採掘に水銀が使用されているなど、健康被害や環境汚染の危険性がまだまだ多く残っています。そのため、水銀のない世界を目指す必要があるのです。

取り組み 1

水銀フリーのプロジェクター開発

映像を映し出す「光源」という部分には水銀ランプを使うのが一般的でしたが、カシオでは、使う人の安全を考え、レーザーとLEDを組み合わせたハイブリッド光源を開発。学校をはじめとした子どもたちがいる環境にふさわしい水銀フリーのプロジェクターが誕生しました。

取り組み 2

熊本県の水銀フリー活動の応援

過去の水銀公害の経験から「水銀フリー社会」の実現に向けて活動する熊本県に、水銀フリーのプロジェクターを寄贈しました。プロジェクターは県庁舎や環境センターなど、さまざまな場所で活用されています。これからも熊本県と一緒に「水銀フリー社会」を目指していきます。

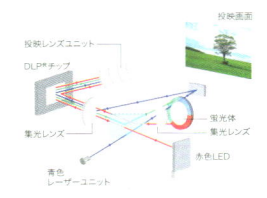

取り組み 3

マーキュリー（水銀）フリー スクール・プログラム

海外における水銀フリーの活動として、カシオの水銀フリープロジェクターを使っている学校を「マーキュリー フリー スクール」として表彰。さらに希望する学校にはSDGsに関する出張授業を行い、環境問題を中心に、未来に向けた持続可能な発展についての理解を深める活動を行っています。

ベネッセホールディングス

未来に向かって、世界の問題を"自分ゴト"として考え、行動する人を増やす

世界中の人たちが幸せに暮らせる世の中を守るためには、地球上のさまざまな問題をなんとかしようと考え、解決に取り組む人が必要です。持続可能な社会を目指して、ベネッセでは、未来を創る子どもたちに地球や社会の問題を"自分ゴト"として感じてもらい、問題解決に向けて行動してもらうための、さまざまな「環境教育」の取り組みを行っています。

ベネッセについて

『Benesse＝よく生きる』を企業理念とし、＜進研ゼミ＞など通信教育教材をはじめとした「教育」や「介護」分野を中心に、一人ひとりの向上意欲と課題解決を一生にわたりサポートする会社です。

未来もずっと暮らしていける世の中にするために、自分でできることって？

今、みんなが生きる時代はどんどん変わろうとしています。日本では少子高齢化が進み、地球レベルでは気候変動や資源の問題などさまざまな問題が起こっています。SDGs（エス・ディー・ジーズ）はそんな変わりゆく時代に、「未来もずっと暮らしていける世の中」をつくるために、世界中のみんなで取り組もう！という目標。この目標を達成するためには、一人ひとりが考えて、みんなが生活のなかで行動していくことが大切。そう考えて、ベネッセでは、楽しみながら地球環境の問題を考え、行動につながるような取り組みを行っています。

取り組み 1 つかわなくなった教材やおもちゃを回収「くるくるリサイクル」

全国で開催する「しまじろうコンサート」の会場で、<こどもちゃれんじ>の教材やおもちゃを回収する専用ボックスを設置。自ら参加することで、リサイクルの大切さを理解してもらうためのプロジェクトが「くるくるリサイクル」です。回収した教材やおもちゃは、油に再処理され、エネルギーとして再利用。フォークリフトなどで動かすエネルギーや、イチゴなどを育てるハウス栽培のヒーターに生まれ変わります。

取り組み 2 みんなで未来を考えよう！全国小学生「未来」をつくるコンクール

みんなの創造力や表現力、そしてキラリと光る個性を発揮できる夏のチャレンジ「未来」をつくるコンクール。全国の小学生を対象に、環境をはじめ、作文、自由研究、絵画の4部門で作品を募集（ぼしゅう）するコンクールには、毎年たくさんの応募（おうぼ）があり、これまでに3万件以上の作品が集まりました。

取り組み 3 地球にやさしい電気自動車、「しまじろうカー」

「しまじろうカー」は、モーターと電池で走り、CO_2や有害な排気ガスを減らし、振動・騒音も小さく静か。地球環境にも生物の健康にもよいEV（電気自動車）です。車の本体の製造は100％再生可能エネルギーで行われているのもポイント。みんな大好きな「しまじろうカー」は、ベネッセが実施する環境教育のイベントやワークショップなどで活躍しています。

ヤマハ

音楽の楽しさを広め、楽器の未来を守る、グローバルな活動

日本では身近な楽器ですが、世界には楽器を使った授業が行われていない国があったり、楽器の原料となる木が減少するなど、さまざまな課題があります。ヤマハは音楽をテーマに、130年以上にわたる楽器づくりで培ったノウハウを世界中に広め、多くの人に感動を与え、楽器をつくり続けられる環境を整えています。

ヤマハについて

ピアノをはじめとする楽器や音響機器などを手がける、"音のプロフェッショナル"です。音・音楽を原点に培った技術と感性で、新たな感動と豊かな文化を世界の人々とともに創ります。

取り組み 1

学校音楽教育プログラム

世界には
こんな
問題が

学校で気軽に楽器に触れる機会がなく、音楽の授業がものたりない！

世界には音楽の授業が実施できないような教育環境の国があります。また、設備や指導者の不足などから、楽器に触れる機会に恵まれない子どもたちがたくさんいます。楽器演奏（えんそう）の機会を提供することをきっかけに、子どもたちの心や感性をより豊かにすることが必要です。

取り組みの内容

ベトナムをはじめとする5か国で、政府や関連機関と連携し、ヤマハの学校音楽教育プログラムを展開することで、子どもたちに音楽に触れる機会を届けています。音楽は子どもたちの心を豊かにし、夢の実現や新たな挑戦の手助けをします。今後、さらに多くの国へ拡大して展開するとともに、子どもたちの感動体験や思いは楽器演奏の楽しみとともに次世代へと引き継がれ、将来的には地域に根差した活動となることを期待しています。

取り組み 2

タンザニアの森づくり

世界には
こんな
問題が

楽器をつくるための原料木材が減ってきている！

クラリネットやオーボエ、ピッコロなどの木管楽器の原料となる「アフリカン・ブラックウッド」はアフリカに生えていますが、森林は徐々に減っています。このままでは、将来楽器がつくれなくなるかもしれません。

取り組みの内容

「アフリカン・ブラックウッド」の主な産地であるタンザニアで、森林の状況や木が生えている場所を調査。そのうえで現地の人と共に苗木（なえぎ）を育成・植栽し、未来の森林をつくるプロジェクトを進めています。地域の人と協力しながら「アフリカン・ブラックウッド」を育てていくことで、地域社会の課題を解決し、大切な森林を次世代につなげていきます。

AGC

地下水の有害物質を取り除き、世界に安全な水をつくる

日本では当たり前のように飲んでいる「水」。しかし、世界にはきれいな水を飲めない国や地域があります。だれもが安全な水を飲める社会を目指して、AGCは汚れた水をきれいにするシステムの普及を進めようとしています。

きれいな水を
飲めるのは
当たり前のことでは
ないんだね。

AGCについて

自動車、家、スマートフォンなどにつかわれるガラスや化学品などをつくっています。世界でもトップクラスの技術力で、今までにない新しい素材を開発するメーカーです。

世界には
こんな
問題が

AGCが安全な飲み水をつくるシステムを普及させようとしているインドのマハラシュトラ州では、有害な物質による地下水の汚染が問題になっています。汚れた水は健康被害の原因になります。きれいな水をみんなが求めています。州の40%で干ばつが発生するマハラシュトラ州の人々にとって、水はとても貴重なもの。安全な水を飲むために遠くまで水をくみに行かなければならない地域もあります。

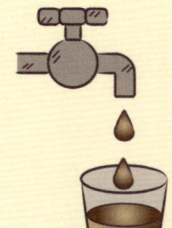

取り組みの内容

イオン交換膜（こうかんまく）と呼ばれる特別な膜に電気を通し、地下水から汚れた物質を取り除く「電気透析浄水システム」（でんきとうせきじょうすい）を広めようとしています。太陽の光を電気に変えて動かすシステムで、電気の通っていない地域でもつかうことができます。マハラシュトラ州だけでなく、その周辺地域にも普及させ、将来的には地下水汚染に悩む世界中の地域にこのシステムを広めていくことを目指しています。

マンションを中心に広がる、みんなが笑顔のコミュニティ

> 色んな情報を教えてもらえると、心から安心できるね!

「どうすれば、みんなが安心して快適に住み続けられるまちをつくれるか」。カンサイ建装工業は、そのひとつの答えとして、"地域住民"と"これから地域に住む人たち"を第一に考えた取り組みを展開しています。

カンサイ建装工業について

建物のプロフェッショナルとして、マンションをはじめビルや住宅などの修繕や管理を手がけ、安心できる地域環境をつくっています。

カンサイ建装工業が伝えたいこと

たくさんの人が住んでいるマンション。私たちは永く住み続けるに必要な手入れのお手伝いをしています。ベストな状態に工事することが私たちの仕事ですが、住んでいる人たちも「どんな工事をしているのか? どんな材料を使うのか? 安全なのか?」ということに興味をもちましょう。

取り組みの内容

マンションの大規模修繕を進めるにあたり、マンションに住んでいる子どもたちを対象に「子供説明会」を開催。「いつ、どんな工事をしているか? 危ない所はどこか? なにに注意しないといけないのか?」を学びます。また、大人向けと子ども向けのマンション情報冊子を無料で配布し、必要な情報を幅広い年齢層に発信しています。そのほか、安心して暮らすための防犯セミナーや、子ども向けに建設業を知ってもらうためのイベントも地域住民に好評です。こうしたさまざまな取り組みの積み重ねは、地域住民同士の交流も生み出し防犯に役立っています。

協和キリン
（きょう　わ）

バイオの力で世界の子どもたちのすこやかな成長を支える

バイオの世界には無限の可能性が広がっているよ！

協和キリンは体の成長にかかわる病気の原因に作用する「抗体医薬品（こう たい）」を開発中。そのような病気をもつ子どもたちにとって、治療（ち りょう）のひとつとして期待されています。

協和キリンについて

生物がもつ力を利用する「バイオテクノロジー」の最先端技術（さいせんたん ぎじゅつ）で、がんやアレルギーなどの治療薬を開発し、世界の人々の健康な暮らしをサポートしています。

世界にはこんな問題が

医学が進歩した現代においても、難病など有効な治療法のない病気が存在します。骨の成長や維持に支障（し しょう）を与える遺伝性（い でんせい）の病気もそのひとつ。そうした病気をわずらうと、年齢に応じた体の成長が見られないだけでなく、大人になって筋力が低下したり骨折しやすくなるなど、日常生活にも影響が出ます。だれもがより健康で豊かな生活をおくるうえでも、こうした有効な治療法のない病気に対する治療法は必要です。

取り組みの内容

細胞・微生物などの生物からつくり出す「バイオ医薬品」を開発し、希少疾患（き しょうしっかん）の治療薬として世界に広めています。バイオ医薬品は今までにない病気への効果が生まれることから、これからの希少疾患の治療法として注目されています。また、バイオ医薬品に関係する科学の世界を学ぶ「バイオアドベンチャー」を開催し、未来の病気とたたかう科学者を育成する活動にも取り組んでいます。

世界の課題に"答え"を出せる子どもを育てる

新興出版社啓林館は、小学生が"体験"を通じて学習が社会でどのように役立つのかを学ぶ「わくわく学習教室」を2013年から開催。そのほかにも、中学生や高校生を対象に、未来の社会づくりを担う子どもたちが自分で世界にある課題を見つけ、解決方法をつくるための取り組みを行っています。

教科書をつくる現場を体験できるインターンシップも受け入れているよ！

啓林館について

教科書・問題集、デジタル教材、先生向けの教養書などを制作し、子どもたちの日々の学びや授業をサポート。算数数学・理科・英語などの教科知識の習得だけでなく、新しい物事を生み出す想像力を育んでいます。

啓林館が伝えたいこと

2020年度より実施される学習指導要領（<ruby>学習指導要領<rt>がくしゅうし どうようりょう</rt></ruby>）では、習得した「知識・技能」を生かしてよりよい社会をつくろうとする「学びに向かう力・人間性等の涵養（<ruby>涵養<rt>かんよう</rt></ruby>）」、「思考力・判断力・表現力等の育成」が求められます。それらを通して子どもたちが「自分たちに何ができるようになるか」を考え、行動に移してもらうための教育を、新興出版社啓林館では独自の取り組みで後押ししていきます。

取り組みの内容

「わくわく学習教室」は、教科書や学校の授業では学べない実験や工作などを通して、身近な疑問について楽しみながら学べる無料の教室（事前会員登録が必要）。今までに1,600人以上の小学生が参加し、大阪市以外の地域でも出張開催される人気ぶりです。また、子どもたちの身近な課題を発見し解決策を生み出す力を育てる書籍も出版しています。たとえば課題研究メソッドシリーズ。主に高校生向けの書籍ですが、なかでも課題研究メソッドスタートブックは、研究テーマを決めるまでのステップを丁寧に解説しており、中学校でも使われています。学習ステップに合わせ、小学生から高校生までトータルで"考える力"を養う教育を展開しています。

<ruby>撮影協力<rt>さつえいきょうりょく</rt></ruby>：<ruby>鹿児島修学館中学校<rt>か ご しましゅうがくかんちゅうがっこう</rt></ruby>

サントリー

"水と生きる" 持続可能な社会をつくる挑戦

今まで

家庭から回収した
ペットボトル

サントリーは再び
ペットボトルへ

100%

20年以上も前から環境保全活動をしている会社なんだ。

サントリーでは、飲料・食品づくりに欠かせない「水」やその水が育まれる自然環境が持続する社会を目指し、ペットボトルのリサイクル促進や植物由来樹脂100%の容器開発をはじめとした、さまざまな取り組みを行っています。

サントリーについて

飲料や食品、お酒など、日常生活に楽しみと豊かさ、そして驚きを与える多彩（たさい）な商品を世界中で展開しています。

サントリーが伝えたいこと

すべての人が人間らしく生活できる社会とは、人と自然がともに健やかに存在できる社会であると考えています。自然の恵みに支えられている会社にとって、人と自然が共存する持続可能な社会を築くことは大切な"使命"なのです。

取り組みの内容

限りある資源を有効活用し、二酸化炭素の排出など環境への負荷を減らすために、飲料容器であるペットボトルの軽量化やボトルからボトルへのリサイクルに取り組んでいます。現在は石油資源をつかわない植物由来樹脂100%のペットボトルを開発中で、近い将来、環境負荷の減少に大きく貢献することが期待されています。また、ほかの企業とも協力し、リサイクルの大切さを発信。海洋プラスチック問題や地球温暖化といった課題を解決するためには、地球で暮らすすべての人が、資源を無駄にせず、リサイクルに対する意識を高めることが必要不可欠です。

服を大切にする心を育てる

みんなが着ている洋服。たとえばTシャツは、原料として栽培・収穫された綿が糸になり、デザイナー・パタンナーという服のプロがTシャツの色や柄・形を決めて設計図をつくり、布を縫い合わせてつくられます。そんな一枚の服には色んな人の思いが宿っていることを知ってもらおうと、三陽商会では「服育授業」に取り組んでいます。

思いがつまった服だから大切にしないといけないね。

三陽商会について

人の生活が楽しく・豊かになるような、さまざまなテーマの服や雑貨をつくり、販売しています。

三陽商会が伝えたいこと

服が汚れてしまったり、穴があいてしまったりすると、新しいものに替えたくなりますよね。でも、服をつくるのは、実はすごく大変なこと。たくさんの人の手間や時間がかけられ、そしてつくる人たちの気持ちがひとつの形になった服を、少しでも長く大切に着てほしいというのが三陽商会の思いです。

取り組みの内容

小学生向けに、服をつくる仕事を知ってもらうための「服育授業」を行っています。デザイナーやパタンナーといった服のプロが先生となり、バッグづくりなどを通じてものづくりの楽しさと難しさを体験します。また、綿から服がつくられ、お店に並ぶまでのストーリーを紹介し、服がたくさんの"人"の手によってつくられていることを伝えています。

日本ガイシ

気まぐれな自然エネルギーをつかいやすく

画像提供:(c)Jason Winter/123RF.COM

世界初の技術がエコな社会を支えているんだね。

太陽や風などの自然の力による「再生可能エネルギー(再エネ)」は、化石燃料をつかわないクリーンな電力として注目されています。ただ、天候に左右されるため、電力を大量に蓄える技術が必要。それを解決する蓄電池を、日本ガイシはセラミック技術で実現しました。

日本ガイシについて

電力を送り届ける、車の排ガスをきれいにする、IoTの進化を支えるなど、世の中に不可欠なセラミックスをつくっています。

世界にはこんな問題が

地球温暖化の最大の原因は、二酸化炭素(CO_2)が増えすぎたこと。石油や石炭を燃やして得られるエネルギーは大きい反面、大量のCO_2を出して地球の気温を上げています。暮らしにエネルギーは欠かせません。省エネと同時に、CO_2を出さないクリーンエネルギーの割合を増やす目標が、世界中で掲げられています。

出典:資源エネルギー庁「2030年エネルギーミックス実現へ向けた対策について〜全体整理〜」

火力全体 83%
原子力 2%
再生可能エネルギー 15%
2016年度（現在）

再生可能エネルギー **22〜24%**
2030年度（将来）

取り組みの内容

「電力は貯められない」という常識をくつがえす電力貯蔵用「NAS®電池」の開発に、日本ガイシは世界で初めて成功しました。大容量蓄電システムとして、再エネ先進国の欧州や中東をはじめ、世界中で約200か所に採用され、日本でもスマートシティー、仮想発電所、離島などに設置された風力発電や太陽光発電の効率的な運用を支えています。NAS電池で再エネの活用を後押しし、地球温暖化を防ぎます。

200か所

資源を循環させ、自給できる畜産へ

地域がひとつになってお肉をつくってるんだ！

日本にはこんな問題が

お肉は、畜産農家が牛や豚、鶏を育てることで食卓に届けられています。パルシステムでは、農家と一緒に家畜のふん尿からつくった堆肥を活用し飼料米をつくるなど、資源を地域で循環させる畜産を進めています。

パルシステムについて

組合員の出資金で運営する生活協同組合。全国の生産者やメーカーとともに、農薬を削減した農産物や添加物にできるだけ頼らない商品などを組合員に届けています。

牛や豚、鶏の飼料(エサ)の多くは海外からの輸入に頼っています。輸入する飼料は、トウモロコシや麦などの穀物が多いですが、世界的な消費の高まりで価格が高くなるなど、海外に飼料を頼ることで、日本の畜産を持続することが難しくなってきています。日本国内には耕作放棄地など、つかわれていない農地が増えてきているので、これらの土地を有効に活用して、できる限り国内で家畜の飼料を生産することが重要な課題となります。

国外飼料

取り組みの内容

パルシステムのお肉の産地のいくつかでは、ただ家畜を育てるだけではなく、耕作放棄地や休耕田で育てた米(飼料米)を飼料として与えています。そして、そのふん尿を地域の田んぼや畑の堆肥として活用する「資源循環型」の畜産に取り組んでいます。まさに、産地の人たちとつくる、"新しい畜産のかたち"です。地域の資源を活用する農家が増え、またそのお肉を食べる消費者が増えることで、飼料自給率の向上につながると考えています。

「資源循環型畜産」の仕組み

家畜の飼育　飼料米の栽培
ふん尿の堆肥化　堆肥を田畑に還元

みくりや青果

食の恵みを支える"人づくり"活動

みくりや青果では、キズがついていたり、形が不ぞろいといった規格外の野菜や果物を有効活用する取り組みを実施。農家やみくりや青果のスタッフ、そして私たち消費者にとって喜ばしい成果を生んでいます。

みくりや青果について

大阪市を中心とするスーパーマーケットやホテル、レストランに、全国各地の新鮮な野菜やおいしい果物、食べやすいように加工されたカット野菜・果物を提供しています。

> 食べ物を無駄なくつかい切ることをぼくも見習いたいな。

みくりや青果が伝えたいこと

野菜や果物を扱ううえで大切にしていることは、農家への感謝の気持ちです。感謝の気持ちをもてる"人"だからこそ、食材を大切に扱い、無駄なく有効活用していく。そうした取り組みは生産者のよりおいしく、より安全な食材づくりを後押しすると考えています。

感謝！

取り組みの内容

2010年から規格外の野菜をつかった堆肥生産を行っています。堆肥は真心込めて育てられた野菜をつかうため安心・安全。長野県のレタス農家をはじめ、全国各地の契約農家に提供され、良質な農産物を育む土づくりに貢献しています。また、みくりや青果の社内に「もったいない食堂」を開設し、規格外の野菜や果物をつかったランチをスタッフに提供しています。スタッフは自社の野菜や果物を食べることで知識が増え、お客様に商品の魅力をさらに伝えることができています。

ダヴ（ユニリーバ）

自分のいいところを見つけて、自分をもっともっと好きになろう

"自分を好きになれない"子どもたちが、日本にはたくさんいます。ダヴは子どもたちに、自分のいいところをたくさん見つけてもらい、自分の容姿をもっと好きになるための活動を続けています。

みんなそれぞれ
いいところは
必ずあるんだ！

ダヴについて

ボディケア・フェイスケア・ヘアケアなどの世界的ブランド。ダヴの広告に起用される女性には画像加工がされておらず、ありのままの美しさのすばらしさを世界に発信しています。

日本には
こんな
問題が

ダヴが少女にアンケートをとったところ、「自分の容姿に自信がもてない少女の割合」は世界平均で54%なのに対し、日本は93%という驚きの結果に！ 容姿に自信がないと、やりたいことや将来の目標があってもあきらめてしまうことがあります。将来をになう10代の若い人たちこそが、自分を認め、自信をもつことが大切なのです。

取り組みの内容

2004年から「ダヴ セルフエスティーム（自己肯定感を高める）プロジェクト」をスタート。自分のいいところをたくさん見つけて、自分のことをもっともっと好きになるために、さまざまな活動をしています。ガールスカウト日本連盟と一緒に「大好きなわたし〜Free Being Me〜」ワークショップも実施しています。ほかにもダヴのウェブサイトには、親子または学校で取り組める教材もあるので、ぜひお父さん・お母さんや先生に紹介してね！
親子用：「ダヴ 世界に1人だけの私」で検索
学校用：「ダヴ 自己肯定感の教育用資料」で検索

Free Being Me

Dove
self-esteem
project

リゾートライフ

みんなが幸せな笑顔あふれるホテルをつくる

リゾートライフでは、ホテルを利用するお客様やホテルで働くスタッフ、そしてホテルの周辺地域や自然環境などのすべてが幸せになれる、さまざまな取り組みを展開しています。ホテルでの快適なひとときを提供するだけでなく、地域全体に笑顔を届ける存在となっています。

働いているスタッフが笑顔だとこっちまで笑顔になれるね!

リゾートライフについて

沖縄県宮古島（みやこじま）をはじめとした各地のホテルを運営し、心身ともにリフレッシュできる極上のリゾートライフを提供しています。

リゾートライフが伝えたいこと

ホテル運営は地域色のあるまちや働くスタッフ、美しい自然環境、そしてわざわざ訪れてくださるお客様など、いろいろな要素のおかげで成り立っており、それらの要素にはよりよい未来づくりにつながる役割があると考えています。

取り組みの内容

女性スタッフがライフステージごとにやりがいをもって働き続けることにつながるキャリアパス制度を取り入れました。また、海外出身のスタッフを積極的に採用しており、今では全スタッフの50パーセントを占め、海外からのお客様への接客を中心に活躍しています。地域活動にも積極的に取り組み、沖縄県宮古島のホテル周囲に広がる海の清掃（すいたし）ボランティアに参加。一番大きなホテルのある大阪府吹田市では、東日本大震災支援や青少年育成、地域活性化を目的としたチャリティジャズイベントに携（たずさ）わっています。

企業の取り組み一覧

パナソニック

--------- 関連するSDGsロゴ ---------

--------- 取り組みの内容 ---------

ミスト冷却システム「グリーンエアコン」の開発。
植物工場システム(アジアモンスーンモデル)の開発。

アドベンチャーワールド

--------- 関連するSDGsロゴ ---------

--------- 取り組みの内容 ---------

大阪府岸和田市の竹を
ジャイアントパンダの食事に活用。
パークガイドの素材として
石灰石を主原料とする素材「LIMEX」を導入。
「ドリームナイト・アット・ザ・ズー」の開催。

カシオ計算機

--------- 関連するSDGsロゴ ---------

--------- 取り組みの内容 ---------

水銀フリーのプロジェクター開発。
熊本県の水銀フリー活動の応援。
マーキュリー フリー スクール・プログラム。

ベネッセホールディングス

--------- 関連するSDGsロゴ ---------

--------- 取り組みの内容 ---------

つかわなくなった教材や
おもちゃを回収する「くるくるリサイクル」。
全国の小学生を対象とした
「未来」をつくるコンクールの開催。
地球にやさしい電気自動車「しまじろうカー」の開発。

ヤマハ

--------- 関連するSDGsロゴ ---------

--------- 取り組みの内容 ---------

世界の子どもたちに音楽に触れる機会を届ける
学校音楽教育プログラム。
木管楽器の原料となる木を育む
タンザニアの森づくり。

AGC

--------- 関連するSDGsロゴ ---------

--------- 取り組みの内容 ---------

地下水から汚れた物質を取り除く
「電気透析浄水システム」を広める活動。

カンサイ建装工業

------ 関連するSDGsロゴ ------

------ 取り組みの内容 ------

地域の子どもを対象とするマンションの「子供説明会」。
幅広い年代向けのマンション情報冊子。
防犯セミナーの開催。

協和キリン

------ 関連するSDGsロゴ ------

------ 取り組みの内容 ------

希少疾患の治療薬となる「バイオ医薬品」の開発。
バイオ医薬品に関係する科学の世界を学ぶ
「バイオアドベンチャー」の開催。

新興出版社啓林館

------ 関連するSDGsロゴ ------

------ 取り組みの内容 ------

"体験"を通じて学習が社会でどのように
役立つのかを学ぶ「わくわく学習教室」の開催。
子どもたちの身近な課題を発見し
解決策を生み出す力を育てる書籍の出版。

サントリー

------ 関連するSDGsロゴ ------

------ 取り組みの内容 ------

飲料容器であるペットボトルの軽量化や
ボトルからボトルへのリサイクル。
石油資源を使わない
植物由来樹脂100%のペットボトルの開発。
リサイクルの大切さを発信。

三陽商会

------ 関連するSDGsロゴ ------

------ 取り組みの内容 ------

服をつくる仕事を知ってもらうための「服育授業」。

日本ガイシ

------ 関連するSDGsロゴ ------

------ 取り組みの内容 ------

セラミック技術を活用した電力を大量に蓄える
蓄電池の開発・普及。

パルシステム

----- 関連するSDGsロゴ -----

----- 取り組みの内容 -----

耕作放棄地で育てた米や家畜のふん尿を
地域内で活用する「資源循環型畜産」。

みくりや青果

----- 関連するSDGsロゴ -----

----- 取り組みの内容 -----

規格外の野菜をつかった堆肥生産。
規格外の野菜や果物を使ったランチを
スタッフに提供する「もったいない食堂」。

ダヴ(ユニリーバ)

----- 関連するSDGsロゴ -----

----- 取り組みの内容 -----

自分のいいところをたくさん見つけて、自分のことを
もっと好きになるための「ダヴ セルフエスティーム
（自己肯定感を高める）プロジェクト」。
ガールスカウト日本連盟と一緒に実施する
「大好きなわたし〜Free Being Me〜」ワークショップ。

リゾートライフ

----- 関連するSDGsロゴ -----

----- 取り組みの内容 -----

女性スタッフがライフステージごとにやりがいをもって働
き続けることにつながるキャリアパス制度。
海外出身のスタッフを積極的に採用。
沖縄県宮古島のホテル周囲に広がる海の清掃ボランティア。
東日本大震災支援や青少年育成、地域活性化を
目的としたチャリティジャズイベント。

IDEC

----- 関連するSDGsロゴ -----

----- 取り組みの内容 -----

人と機械・ロボットが協調し、安全性と生産性を
両立させた「協調安全」コンセプトを推進。
メガソーラー、エネルギー・マネジメント事業などによる
再生可能エネルギーの普及促進。
会社からの寄付に加え社員からの寄付額と同額を会社が
拠出する「マッチングギフト」による災害時寄付活動。

それぞれの企業が
幸せな社会を
実現しようと、SDGsに
取り組んでいるんだね！

宣伝会議（せんでんかいぎ）

SDGs
MIRAI KAIGI
未来をつくるソーシャルサミット for SDGs

SDGsこどもサミット
（エス ディー ジー ズ）

～私たちが目指す未来を描いてみよう～

2019年6月13日（木）～15日（土）にグランフロント大阪で、SDGsについて幅広い人たちに理解してもらい、一人ひとりの行動につなげていくことを目的としたイベント「SDGs 未来会議」を開催しました。その会場内では、子どもたちが世界中の人たちが幸せになるためのアイデアを考え、発表する「SDGsこどもサミット」を開催し、多くの子どもたちが参加しました。

SDGsこどもサミットについて

「SDGsこどもサミット」では、世界の社会課題について学び、その課題を解決していくためには どうしたらいいのかを子どもたちで考えました。こども国連の井澤友郭(いざわともひろ)さんをファシリテーターとして迎え、子どもたちは5つのグループに分かれ、スペシャルサポーターの俳優・鈴木福(すずきふく)くんも議論に参加。"世界をもっとよくしたい！"という思いが結集した社会課題を解決するアイデアが子どもたち自身の声で発表されました。

当日は、俳優として活躍を続けるSDGs未来会議スペシャルサポーター鈴木福くんも子どもたちと一緒に地球の未来について議論。「識字率(しきじりつ)の地域差」や「気候変動」といったSDGsで掲げられている課題について、真剣な眼差しでワークに取り組んでいました。5つのグループに分かれ自由に議論するディスカッションタイムでは、子どもならではのさまざまな意見が飛び出しました。

1時間以上に及ぶ白熱した話し合いでまとまった各グループのアイデアは、その後会場のステージ上で発表されました。ステージに登壇(とうだん)した鈴木福くんは、今回のSDGsこどもサミットについて「差別とか格差について学校で学ぶ機会はあっても、その知識を活用できないと意味がないと思います」と話し、社会課題解決に向けて「まずは自分が、相談役になれるような人間に成長したい」と熱い思いを語りました。

みんなのアイデア

私たちが目指す未来は

- すべての人が人や国や貧困の不平等に悩まされることのない、幸せな世界。
- やりたいことを見つけて一人ひとりが主張できるような世界。
- 一人ひとりが他人の目を気にせず笑顔で安心して生きられるような世界。

解決したい課題

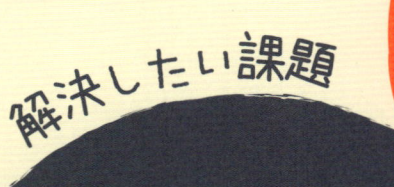

- お金持ちの人と貧乏な人の差をなくす。
- 飢餓をゼロにする。
- 病気になったり、ストレスを抱えている人たちがいる。そして、そのような人たちが戦争をしたり差別を受けたりすること。それによって自由に発言できない環境があること。
- 階段が多くて住みにくいまち。
- 差別やいじめをなくす（1人だけ仲間外れの人、コミュニケーションを取るのが苦手な人、外国人、ほかの人と習慣や文化が違う人、男女差別）。
- 不公平をなくす。

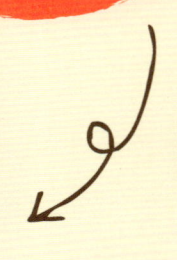

解決のアイデア＆アクション

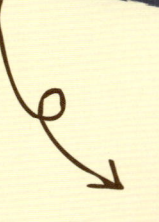

- SNSでつながりをつくる。
- 発言しやすい社会（アプリ、ツール）。
- 外に出たらどんな楽しいことがあるかなどを動画で見せてあげる。
- ドローンで食料を運ぶ。
- 栄養のある土をあげて植物や野菜などをつくる。
- 食料を寄付して無料で配布する。
- 学校をつくってみんなが字を書いたり読んだりできる世界をつくる。
- テレビで貧困についてお知らせして語る（有名人に協力してもらう）。
- SNSなどを通じていろいろな情報を知る・発信すること。
- 味方になってくれる人をつくる。税金の使い道として国がそのような制度をつくる。
- ユニバーサルデザインの場所を増やす（坂道など）。
- 集団と、取り残されている人が話し合いをして解決する。
- 遊びにさそう。
- 今の現状を第三者に問う。

※一部抜粋

みんなのアイデアが グラフィックレコードに！

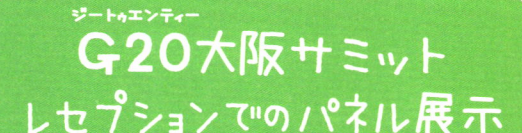

G20大阪サミット
レセプションでのパネル展示

ジートゥエンティー

SDGsこどもサミットでの様子を紹介するパネルは、2019年6月27日（木）に開催された大阪・関西歓迎レセプションの会場で掲示。G20大阪サミットに出席した海外からの参加者にご覧いただきました。

SDGsこどもサミットは、これからの社会を担う子どもたちが、「よりよい未来とはなにか」、そして「みんなが幸せになれる世界をつくるためにはどうしたらいいのか」を真剣に考えるきっかけになりました。みんなもSDGsを学んで、世界を救うアイデアを考えてみよう！

さまざまな SDGsの活動で、子どもの心と個性が花開く

不動産や飲食業など、さまざまな職業の経営者を中心とした大人たちで構成される大阪青年会議所は、SDGs MIRAIKAIGIの開催にかかわるなど、SDGsに積極的に参加しています。なかでも力を入れているのが、未来の世界を担う子どもたちの成長サポート。楽しみながら知識を増やし、心を育て、そして明るい未来について考える、バリエーション豊かな活動を行っています。

取り組み 1 MIRAI 防災リーダーズ

日本にはこんな問題が

自然災害に対する準備不足

東日本大震災や西日本豪雨など、日本では自然災害による被害が多発しています。その原因は、自然災害に対する備えが十分ではないからです。今後起こるであろう自然災害に素早く、的確に対処するための方法を、みんなで考えていく必要があるのです。

取り組みの内容

SDGs MIRAIKAIGI for Familyの会場内で、小学4年生から6年生を対象とする防災イベントを開催。東日本大震災で被災した方から話を聞いたり、避難所の生活体験、津波が押し寄せた場合の避難経路確認などを行いました。多くの学生・企業・団体に協力いただきながら、近い将来、自然災害が発生した時のための防災に関するネットワークをつくることを目指しています。

取り組み 2 わんぱく相撲

大阪青年会議所が伝えたいこと

人を思いやる「優しい心」を育む

世界各地では、いまだに戦争などの争いごとがなくなりません。大阪青年会議所が目指す目標のひとつが世界平和であり、その実現のために未来をつくる子どもたちの、周りの人を思いやる心を育てることが大事だと考えています。

取り組みの内容

日本伝統の国技である「相撲」を通じて、子どもの心と体を成長させる体験型イベントです。2019年で38回目の開催となり、約1,500人の子どもたちが来場しました。会場ではわんぱく相撲大会のほかにも、自身の性格を知ることができるディグラム診断に参加でき、挑戦する心や成長するためのきっかけを得ることができます。

取り組み 3 colors（カラーズ）

大阪青年会議所が伝えたいこと

子どもがもつ個性を伸ばしてあげたい

地球上にあるさまざまな課題を解決し、明るい未来をつくるためには、子どもたち一人ひとりがもつ個性を最大限に発揮できる社会にしなければなりません。だれもが幸せな社会をつくる「ヒーロー」になれるのです。

取り組みの内容

子どもの個性を伸ばすスポーツイベント「colors」を2019年に初開催しました。大阪府をホームタウンとするサッカー・ラグビー・バスケットボールのプロチーム選手によるレッスンや、世界中で人気を集めるeスポーツのエキシビションマッチなどを通じて、子どもたちは「ジブンだけの個性」を発揮できる分野を発見しました。

探究的な学びの実現によってSDGs（エスディージーズ）を自分ごととして捉える

東京大学 准教授　北村友人

「持続可能な開発目標（SDGs）」が2015年に国連で採択（さいたく）されて以降、多くの人が関心をもってSDGsの実現へ向けて自分にはなにができるのか、ということを考えています。ただ、その一方で、SDGsの各目標があまりに大きすぎて、自分たちの生活とはかけ離れたものに感じている人たちも大勢います。

実は、SDGsとは国際的な参照枠組みであり、SDGsに示されている目標やターゲットのみにとらわれる必要はありません。SDGsを参考にしながら、自分たちの暮らす国あるいは地域に適した目標を考えていくことも重要です。そうした、自分たちにできる範囲から社会を持続可能にする努力を世界中の人たちが積み重ねていくことによって、この地球がより持続可能なものになるはずです。

このような視点を踏まえて本書『未来の授業 私たちのSDGs探究BOOK』を見てみると、日本で起こっている身近な問題から子どもたちに考えてもらうことを重視していることがわかります。実際に身の周りで起こっているさまざまな課題に気づき、そこにある問題を解決するためにはどうすればよいのかを、調べもの学習やグループ討論（とうろん）、街歩き、インタビューなど、多様な手法で学習しながら見つけていくうえで、本書は多くの手がかりを与えてくれます。

これらは、「持続可能な開発のための教育（ESD）」で重視されている課題発見・問題解決型ならびに参加・体験型の学びであり、2020年度から小学校で実施される新学習指導要領で強調されている「主体的・対話的で深い学び」の実践へとつながっていきます。

本書を、探究的な学びを実現するためのツールとして活用することによって、子どもたち一人ひとりがSDGsを他人ごとではなく自分ごととして捉えていけるようになることを願っています。

本気のアイデアが世界を変える

一般社団法人シンク・ジ・アース　上田壮一

学びは自分の世界を広げる楽しいことのはず。教育は「だれも取り残さず」子どもたちを笑顔にする仕事のはず。それなのに勉強の目的も指導の目的も試験でよい点をとることになってしまいがち。これでは笑顔になれる子どもはほんの一部です。そこで有志の教員とともに、教育の未来を本気で考え、持続可能な社会を目指してがんばる先生と児童・生徒を応援するSDGs for Schoolという活動を起ち上げ、『未来を変える目標 SDGsアイデアブック』をつくりました。『未来の授業　私たちのSDGs探究BOOK』で身近な問いから社会とのつながりを学んだら、次に読む本としてぜひ手にとってみてください。世界中の人たちが本気で取り組むアイデアに勇気をもらえると思います。子どもたちの無限の可能性を引き出し、素敵なアイデアを生み出して、危機を乗り越え、ワクワクする未来を一緒につくっていきましょう。

子どもたちと未来をつくる

『未来を変える目標 SDGsアイデアブック』（監修：蟹江憲史　編著・発行：一般社団法人シンク・ジ・アース）ティーチャー登録いただいた方に、不定期に情報発信しています（現在の登録数：1,000人以上）。

ウェブサイトでくわしい内容を紹介中！

チェンジメーカーへの第一歩を踏み出そう！

株式会社エンパブリック　広石拓司

SDGsは2030年への目標ですが、そこが終着点ではありません。その後、地球も人々の暮らしも持続していける経済社会システムの基盤を整えるのが目的です。それゆえ、2030〜40年代に社会の中核を担う今の子どもたちは、自分たちがどのような世界をつくっていくのか、自ら決め、実行していく主体となる必要があります。大人たちの役割は、自分たちの世代が現在の地球や社会に何を残してきたのかを伝え、自分たちで考え、創り出していくための技術を伝え、機会を与えることです。この本は子どもたちに自ら考え、動き出すヒントを与えています。子どもたちを導く大人たちも、ロールモデルとして自ら複雑で困難な問題に挑み、変革を生み出していく必要があります。そのような方のガイドになればと、本著監修の佐藤と私は書籍「ソーシャルプロジェクトを成功に導く12ステップ」を著しました。子どもたちも、大人たちも、チェンジメーカーとしての第一歩を踏み出しましょう！

『ソーシャル・プロジェクトを成功に導く12ステップ』（著者：佐藤真久、広石拓司）

ウェブサイトでくわしい内容を紹介中！

本書の活用と先生たちの声　JICA東京 古賀聡子

独立行政法人国際協力機構（JICA）は、日本の政府開発援助(ODA)の実施機関として、開発途上国への国際協力を行っています。国際社会と協調し、持続可能な開発目標（SDGs）の達成を目指しています。

SDGsがこれまでの開発目標と大きく異なるのは、すべての生き物が幸せに暮らせる地球を未来につなぐことを目指し、すべての国・人々の共通の目標として合意されたことです。日本の学習指導要領や企業行動憲章にも持続可能な社会づくりへの貢献が明記され、SDGsのレンズを通してとらえてみると、それぞれの活動が目指すべき共通の未来に向かっていることがよくわかります。

JICAでは、地球規模の課題に向き合う国際協力の現場を知り、教育の場で役立てていただくため、さまざまなプログラムを実施しています。そのひとつ「教師海外研修」を経験した先生方の本書を読んでみての声をお届けします。

社会課題解決中マップは朝の会で1分間スピーチの題材として活用できます。児童が興味のある課題を選び、関連したニュースについて自分の感想を交えながらスピーチします。
大田区立糀谷小学校
吉田祥子

国語科「日本の問題点から自分にできること」というテーマで意見文を書く際に活用しようと考えている。この本は課題ごとに小学生にもわかりやすく書かれており、非常に有効だと思います。
村上市立保内小学校
鈴木航太

社会科見学で水やごみ問題を学習する際、P48を活用しSDGsと関連した深い学びにつなげられると思う。P64は「みんなにとって過ごしやすい教室って何だろう？」という議題で学級会を行ってみたい。
野田市立七光台小学校
上園雄太

食料自給率や災害、気候変動などは、高学年の理科や社会、家庭科など教科横断的に活用できます。答えのない問いに自分ならどうするか、多様な視点をもつことができると思います。
野田市立柳沢小学校
横田美紗子

SDGsという言葉の意味や概念を知識として教えるのではなく、今後自分ごととしてどう生活に生かしていくかということを考えるきっかけの授業を行うためのヒントがたくさんありました。
千葉市立稲毛中学校
鎌田理子

子どもにとって、一見すると何不自由ない日本が、実は多くの問題を抱えていることを、この本はわかりやすく教えてくれます。
千葉市立有吉小学校
大原淳

中学校社会科のさまざまな単元とリンクしている探究ブックだと感じました。第2章は身近なテーマと関連していてすぐに活用できると思います。「これからの日本について」考えさせていきたいです。
新座市立第四中学校
蓮池理之

17の目標について身近な問題から具体的に考えられ、生徒たちにとって取り組みやすい課題だと思います。
八丈町立富士中学校
金丸恵美

「日本が抱えているこれから解決すべき課題たち」では、日本の課題がまとまっており、身近なところから考え、行動に移すことができます。この本を読んで持続可能な社会の構築に挑戦しましょう！

新潟県立佐渡総合高等学校
池亀元喜

海外修学旅行の目標としてSDGsを活用したい。事前学習・体験学習においてSDGsの視点で考えを深め、事後には日本が抱えている課題を探究します。

東京都立千早高等学校
藤井宏之

「世界のこと」は遠く「無関係」「面倒くさい」が口癖の生徒にどう伝えていくか？ 本書をつかってまずは自分たちの身の回りのことに関心を向けることで、私たちの生活と世界がつながっていることに気づく仕掛けができそうだ。

東京都立五日市高等学校
中村俊佑

生徒たちには、世界に目を向け地球市民として行動する姿勢を期待するが、実体験や当事者意識を伴わない事柄の追求は難しい。本書は日本の課題を自分ごととして捉え課題解決力を伸ばすことを実現する一冊である。

埼玉県立大宮工業高等学校
駒谷健介

SDGsは遠い世界のものではない。日本の課題に取り組むことが地球規模の持続可能な開発につながることがよく理解できた。ぜひ大人にも読んでほしい一冊。

長野県長野高等学校
竹村ゆかり

世界規模の課題をグローカルな視点で考えさせ、日本の課題から地域が抱えている課題へと発展させることができるので、教科だけてなく探究活動の導入としてもつかえると思う。

埼玉県立杉戸高等学校
大塚由貴

中高生の社会科、総合的学習の授業で活用します。課題解決のための方針や、探究活動の手だてとなる問いが多くあり授業づくりに大変役立ちます。

川口市立小谷場中学校
須賀与恵

食料問題は家庭科で、超高齢社会問題は公民で、人口問題やエネルギー問題は地理で、災害対策は理科で、というように各教科で連携して取り扱うこともできる。この本を活用し、各教科の学びと総合学習、進路学習などが連動していくとよい。

東京女子学園中学校・高等学校
黒川八重

本書は『教師向け』SDGs実践指導書でもある。SDGsを理解し自分ごとにさせ、課題解決事例の紹介もされている。課題解決に向けた探究学習をさせたいと思う。

文化学園長野中学・高等学校
長田里恵

第2章は作文やディベートの切り口として生徒に示すこともできると思います。生徒の視点は「今、ここにあること」に収束してしまいがち。「考えてみよう」の問いをつかって、世界との多角的なかかわり・自分にない課題意識・少し先の未来に目を向けさせ、生徒の考えを揺さぶることで、思考が深まると思います。

東京都立大泉高等学校附属中学校
玉腰朱里

『持続可能』という言葉は、新学習指導要領でも頻出しています。小学校の新しい社会科の教科書にも、SDGsを掲載したものがあります。ぜひ、学校現場での活用をおすすめいたします。

埼玉県立大宮中央高等学校
仲田莉果

『SDGs探究BOOK』を勉強した4人。「SDGsを勉強した自分たちが、未来のためにできることはなんだろう」と話し合います。あーでもない、こーでもない。お互いに意見を取り入れることで、自分の好きなこと、得意なことを生かして未来に貢献するための道筋が少しずつできあがっていきます。

時間を忘れて未来をよくする方法を話していると、突然教室にチャイムの音が鳴り響きます。「よーし、これで授業は終わり！ それぞれの世界に気をつけて帰るんだぞ」と先生が言うと、2つの道が出現。ひとつは現代の世界に、もうひとつは2030年の未来の世界につながっています。状況を理解したのぞみは、「けんた、ゆみ、アレックス。一緒に勉強したことを使って、私が暮らす未来をよくしてね」と涙を浮かべながら道を進んでいきます。「元気でねー！ 絶対未来を変えるから」。3人はのぞみが見えなくなるまで手を振り続けました。

現代の世界につながる道を通って、いつもの世界に戻ってきた3人。のぞみとの別れを悲しんでいるヒマはありません。未来の世界をよくするために、身近な社会課題を探していきます。「地元で大切につくられた食材を使った料理なのに、いつも残しちゃってるな……」と気づいたゆみは、きれいに食べるように心がけます。アレックスは、太陽光をエネルギーにして動く新しいロボットを発明しようと、プログラミングに一生懸命取り組みます。

けんたは国際交流イベントに参加し、世界各国の人たちの価値観を学び、異なる文化への理解を深めます。そして、3人はまちのごみ拾いのボランティアにも参加するようになりました。「ぼくたち、私たちのちょっとした"いいこと"の積み重ねが、幸せな未来をつくるんだ」と信じるようになったからです。

3人が未来をよくするアクションを起こしているころ、のぞみはというと…。校庭で遊ぶ生徒の笑顔、葉が生い茂る木々、透き通る小川が流れる学校の前にいました。「2030年の世界が少しずつよくなってきている！ 3人ががんばってくれているんだ！」。

家に帰ると、食卓には野菜や魚を使った料理が。久しぶりに食べる大好物の味はとびきりのおいしさです。

「のぞみ、元気に暮らしているかな」「きっと笑顔でいるよ。そう信じて、自分たちにできることをするんだ！」。3人のよりよい未来をつくるための挑戦は、まだ始まったばかり。これからも身の回りの"いいこと"を力を合わせて続けていこうと、3人は決意しました。そう、この本を読んでいる君たちと一緒に。

子どもの探究活動を支えるアプローチ
── ESDレンズと、持続可能性キー・コンピテンシーに基づく問いの設定

UNESCO（国際連合教育科学文化機関）は、2012年に持続可能な社会の構築に向けた実践におけるものの捉え方（視点の得方、視座の高め方）として、4つの「ESDレンズ」を提示しました。ESDレンズの活用が、探究活動に異なる視点を提供するとともに、新たな視座を得ることにつながると言えます。

ESDレンズ（UNESCO,2012）

統合的レンズ
課題・資源・時間・空間・人といったものをつなげ、関連づける見方・捉え方です。

批判的レンズ
課題の再設定や捉え直し、意味づけ・学びほぐしを行う見方・捉え方です。

変容的レンズ
個人・組織・社会の変容に向けた見方・捉え方です。

文脈的レンズ
身近な文脈（歴史や地域）、地域・世界の文脈を生かした見方・捉え方です。

統合的レンズ (つながり・かかわり)
Integrative Lens:課題・資源・時間・空間・人をつなげる、関連づけ

変容的レンズ (変わる・変える)
Transformative Lens:個人・組織・社会の変容

ESD

文脈的レンズ (ひろがり・ふかまり)
Contextual Lens:身近な文脈（歴史や地域）、地域・世界の文脈

批判的レンズ (見直し・捉え直し)
Critical Lens:課題再設定・捉え直し、意味づけ・学びほぐし

刷新
Innovation

さらに2017年には、「持続可能な開発目標のための教育－学習目的」(Education for Sustainable Development Goals, Learning Objectives)を発表し、8つの「持続可能性キー・コンピテンシー」を発表しました。持続可能性キー・コンピテンシーとは、持続可能な社会の構築に向けて獲得すべき資質・能力です。本書で取り扱う問いは、持続可能性キー・コンピテンシーを高めるものになっており、子どもたちが持続可能な社会の構築に資するさまざまな資質・能力を獲得することの一助になります。

持続可能性キー・コンピテンシー（UNESCO,2017）

システム思考コンピテンス (system thinking competence)	関係性を認識し理解する能力；複雑系を分析する能力；異なる領域と規模のなかにおいてどのようにシステムが組み込まれているかを考える能力；不確実性を取り扱う能力
予測コンピテンス (anticipatory competence)	複数の未来の姿（可能性ある、予想できる、望ましい）を理解し、評価する能力；未来のために自身のヴィジョンを創造する能力；予防原則を応用できる能力；さまざまな行動の結果を評価する能力；リスクと変化を取り扱う能力
規範コンピテンス (normative competence)	自身のさまざまな行動に内在する規範と価値を理解し、省みる能力；利害関係、二律背反、不確実な知識、矛盾といった対立の文脈のなかで、持続可能性に関する価値・原則・目標・達成目標を協議する能力
戦略コンピテンス (strategic competence)	ローカルレベルから遠く離れたところまでさらに持続可能になるように、さまざまな革新的な行動を集合的に発展し実施する能力
協働コンピテンス (collaboration competence)	他者から学ぶことができる能力；他者のニーズ、展望、行動を理解し尊重できる能力（共感）；他者を理解し、他者にかかわり、他者に配慮しようとする能力（共感的リーダーシップ）；グループにおける対立を取り扱うことができる能力；協働的、参加的な問題解決を促すことができる能力
批判的思考コンピテンス (critical thinking competence)	規範、実践、意見を問う能力；自分自身の価値、認知、行動を省みる能力；持続可能性の言説において立場をはっきりさせることができる能力
自己認識コンピテンス (self-awareness competence)	地域社会とグローバルな社会において自分自身の役割を省みる能力；自身の行動を継続的に評価しさらに動機づけできる能力；自身の感情や願望を取り扱う能力
統合的問題解決コンピテンス (integrated problem-solving competence)	異なる問題解決の枠組みを、複雑な持続可能性に関する問題群に応用する包括的な能力；持続可能な開発を推進するために実行可能で、包摂的で、公平な解決オプションを開発する包括的な能力；上述したさまざまなコンピテンスを統合する能力

本書で取り扱っている問いとその背景

佐藤真久

【共通】 **Q：ほかのSDGsがどのように関係しているだろうか？考えてみよう。** 批

01 先進国なのに高い相対的貧困率

Q1：先進国として恵まれているはずの日本で、貧困が生まれている理由はなんでしょう？ 調べてみよう。 批

Q2：「貧困」には多様な意味合いがあります。どのような意味合いがあるか調べてみよう。 批

Q3：お金持ちと貧困に悩む人たちの格差をなくすために、ぼくたち（私たち）が力を合わせてできることはなんでしょう？ 話し合ってみよう。 協

02 日本でも起きている食料問題

Q1：日本の食べ物、世界から輸入した食べ物にはどんなものがあるでしょうか？ 調べてみよう。 文

Q2：世界の人口増加の推移と、食料生産の推移を関連づけて一緒に考えてみよう。 予

Q3：限りある食料資源を保ちつつ、世界の食料不足を解決するにはどうすればいいのでしょうか？ 議論してみよう。 統

03 日本が一歩先ゆく超高齢化社会

Q1：高齢者と現役世代がともに健康的な生活をおくるために必要なことはなんでしょう？ 統

Q2：これからの日本の人口ピラミッドの推移を考え、どのような社会になるかを議論してみよう。 予

Q3：少子化を解消し、未来の社会を支える世代を増やすためにはどうすればいいでしょうか？ 議論してみよう。 統

04 チャンスに変わるか？人口減少

Q1：人工知能（AI）などの技術革新が、人口減少社会にどのように貢献できるか考えてみよう。 変

Q2：「安心して出産、子育てができる環境」とはどのようなものでしょう？ 議論してみよう。 統

Q3：都市部への人口集中をやわらげ、地域に移り住む人を増やすためには、どうしたらいいでしょうか？ 議論してみよう。 シ

05 マイノリティの人々の幸せ向上

Q1：どのような「マイノリティ」があるか、調べてみよう。 批

Q2：自身が「マイノリティ」であることを実感した状況を共有してみよう。 自

Q3：「マイノリティ」にとって生活がしやすく、働きやすい社会をつくるには、どのようなサービスや制度が必要だろうか？ 議論してみよう。 戦

06 希薄化・孤独化するコミュニティ

Q1：コミュニティの希薄化、孤独化により起きている社会問題には何があるか、具体的に考えてみよう。 文

Q2：普段からかかわることのない地域の人々とつながりをつくるために、日ごろからできることはなんでしょうか？ 議論してみよう。 戦

Q3：人とのつながりが少ない高齢者を、詐欺や犯罪から地域で守る方法はなんでしょう？ 一緒に考えてみよう。 協

07 延ばしたい健康寿命

Q1：世界と比べて日本の健康寿命が長い理由はなんでしょうか？ 考えてみよう。 文

Q2：健康寿命を支える要因にはどのようなものがあるでしょうか？ 一緒に考えてみよう。 批

Q3：健康寿命を延ばすために、今からやっておくべきことはなんでしょうか？ 一緒に考えてみよう。 戦

08 世界が注目する水資源問題

Q1：普段の生活のなかで使う水の量を減らすことができるのはどこでしょうか？ 考えてみよう。 文

Q2：「バーチャル・ウォーター」について調べてみましょう。また、「バーチャル・ウォーター」と水資源問題をつなげて議論してみよう。 批

Q3：近年、日本各地で水害が多発しています。なぜ、このように水害が増えているのでしょうか？ その原因を一緒に考えてみよう。 シ

09 持続可能なエネルギーの実現と普及

Q1：海外のエネルギー資源に頼らないようにするには、どうしたらいいでしょう？ 考えてみよう。 文

Q2：これからの日本にはどのくらいのエネルギー量が必要になっていくのか調べてみよう。 予

Q3：エネルギー源（石油や天然ガス、再生可能エネルギーなど）を選択できるとしたら、どのような基準でエネルギー源を選択するか、考えてみよう。 批

10 伝統文化・技術をどう継承するか

Q1：ぼくたち（私たち）の地域にある伝統文化にはどのようなものがあるでしょうか？ 調べてみよう。 文

Q2：人工知能（AI）などの技術革新が、伝統文化の継承・保護にどのような貢献をするでしょうか？ 議論してみよう。 批

Q3：伝統文化を継承・保護するだけではなく、伝統文化を生かすことにより、何ができるでしょうか？ 一緒に考えてみよう。 戦

11 老朽化が進むインフラ

Q1：人口減少、超高齢化、大都市化などと、インフラ整備にはどのような関係があるでしょうか？ 考えてみよう。 批

Q2：老朽化した道路、橋やトンネルをそのままにしておくと、どのようなことが起きるでしょうか？ その影響を考え、共有してみよう。 シ

Q3：「必要なインフラ」と「いらないインフラ」の違いはなんでしょうか？ その違いを議論してみよう。 批

12 自然災害大国日本

Q1：なぜ日本には自然災害が多いのでしょうか？ 考えてみよう。 文

Q2：多くの自然災害を経験してきた日本、どのような言い伝えや教えがあるか、調べてみよう。 橋

Q3：災害に強いまちづくりに向けて、必要なことはなんでしょうか？ 議論をしてみよう。 統

13 見直したいローカル経済

Q1：「地域循環共生圏」とは、何を意味しているのだろうか？ 調べてみよう。 統

Q2：あなたが働きがいを見つけやすいのは、都市部でしょうか？ 地域でしょうか？ あなたのイメージする「働きがい」について、みんなと共有してみよう。 自

Q3：地域に多くの人を呼び込み、地域経済を盛り上げるには、どうしたらいいでしょうか？ 議論してみよう。 シ

14 止まらない気候変動

Q1：気候変動は日本以外にも影響を与えています。日本への影響、海外での影響を調べて、共有してみよう。 文

Q2：平均気温が上昇している日本において、快適に過ごすにはどうしたらいいでしょうか？ アイデアを共有してみよう。 戦

Q3：気候変動を抑えるために、日常生活においてどのようなことができるでしょうか？ 一緒に考えてみよう。 戦

15 グローバルでつながる経済の課題

Q1：日常生活において食べている食材や、使用している機材（スマートフォンなど）の原材料はどこからきているのでしょうか？ 調べてみよう。 文

Q2：「グローバルでつながる経済」、「ローカルでつながる経済」のメリット、デメリットについて、具体例を挙げて議論をしてみよう。 戦

Q3：「倫理的消費」とは、どのようなものでしょうか？ 調べて共有をしてみよう。 戦

16 高ストレス型社会からの脱却

Q1：あなたにとって、「高ストレス」とはなんでしょう？ 書き出してみよう。 文

Q2：「高ストレスがない社会」とは、どのような社会だろうか？ 描く社会像を共有してみよう。 文

Q3：社会全体がストレスなく生活できる環境になるために、改善すべきことはなんでしょうか？ 議論を深めてみよう。 統

アイコンの見方 → ESDレンズ
- 統 統合的レンズ
- 批 批判的レンズ
- 変 変容的レンズ
- 文 文脈的レンズ

持続可能性キー・コンピテンシー
- シ システム思考
- 予 予測
- 規 規範
- 戦 戦略
- 協 協働
- 批 批判的思考
- 自 自己認識
- 統 統合的問題解決

117

おわりに

佐藤真久

本書は、『未来の授業 私たちのSDGs探究BOOK』と題して、SDGsへの関心と本質的な理解を促す「導入教材」として位置づけるだけではなく、SDGsへの関心・理解から、「私の行動」と「私たちの協働」へとつなげる「態度・行動・協働型教材」として位置づけ、さらには、SDGsと日本の社会課題といったグローカルな課題を取り扱う「グローカル教材」としても位置づけています。また、国連・持続可能な開発のための教育の10年（DESD：2004-2015）を通して蓄積された知見に基づき、ESDレンズ（P116）と、持続可能性キー・コンピテンシー（P116）などを生かすことによる「探究活動を促す教材」としても位置づけています。

以下に、本書の特徴と、探究活動を支えるアプローチについて整理をしました。

1. SDGsへの関心と本質的な理解を促す「導入教材」

2015年9月に国連により発表された「持続可能な開発目標」（SDGs：2016-2030）（図1）は、17の目標と169のターゲットからなる国際的な開発目標です。限られた地球惑星の環境下で、持続可能な発展を遂げるために、「誰一人取り残さない」というスローガンのもとで発表された国際的な開発目標です。現在では、企業、自治体、NPO／NGO、教育機関などのさまざまな組織、地域社会、個人が、この開発目標にコミットをすべく取り組んでいます。

SDGsに対する関心を高めることはもちろん重要ですが、それよりも重要なのは、SDGsの本質を理解することです。筆者は、SDGsの世界観には、（1）"地球の限界"（planetary boundaries）に配慮をしなければならないという「地球惑星的世界観」、（2）"誰一人取り残さない"（no one left behind）という人権と参加原理に基づく「社会包容的な世界観」、（3）"変容"（transformation）という異なる未来社会を求める「変容の世界観」があると指摘しています。さらに、SDGsの特徴については、（1）"複雑な問題"への対応（テーマの統合性・同時解決性）、（2）"共有された責任"としての対応（万国・万人に適用される普遍性・衡平性）を挙げています。このような、世界観と特徴といったSDGsの本質に対応をしながら、社会の変動性が高い状況下（VUCA社会）のなかで、「持続可能な社会」の担い手を育むことが急がれていると言えるでしょう。本書では、このような、SDGsの本質（世界観や特徴）に軸を置きながら、17の目標の紹介だけに終わらない導入教材を制作しました。

図1 世界の開発目標－持続可能な開発目標（SDGs）

2.「私の行動」と「私たちの協働」へとつなげる「態度・行動・協働型教材」

本書は、これまでの啓発書に見られる関心・理解を深める教材を超えた、「私の行動」と「私たちの協働」へとつなげる「態度・行動・協働型教材」です。「考えてみよう」という問いを多数設定すること、「明るい地域をつくる活動」という日本における具体的な実践事例の紹介を通して、自身や社会を振り返り、態度・行動・協働を促す教材としてのデザインがなされています。SDG第17目標（パートナーシップで目標を達成しよう）でも指摘されているように、多様な主体の力を持ち寄る協働（マルチステークホルダー・パートナーシップ）を通して、「私たち」の取り組みを深め、社会全体の問題対応力を高めること（社会生態系の構築）を意識して教材がデザインされています。

3. SDGsと日本の社会課題といったグローカルな課題を取り扱う「グローカル教材」

本書の特徴は、SDGsと地域課題といったグローカルな課題を取り扱う「グローカル教材」としての位置づけがあることです。特定非営利法人ETIC.（筆者、理事）は、全国のパートナー組織と実施している227の取り組みから、数回のワークショップの開催を通して、日本社会において直面している・直面しうるさまざまな課題を、1年を通して抽出し、整理しました。これが、「社会課題解決中マップ」です（図2）。この「社会課題解決中マップ」という、日本の地域社会における具体的な実践から抽出された社会課題を取り扱うことにより、国際的な開発目標であるSDGsと、日本の社会課題を取り扱った「社会課題解決中マップ」を関連づけ、グローカルな文脈での学びを深める教材（グローカル教材）として機能しています。

図2 ETIC.が抽出した日本の社会課題（社会課題解決中マップ https://2020.etic.or.jp/）

4. SDGsを生かした学習と探究活動の高い親和性

筆者は、朝日新聞の未来メディア（https://miraimedia.asahi.com/satomasahisa01/）において、動的で包括的な問題解決に向けた、スパイラルとしてのSDGsへと、SDGsの捉え方の転換の重要性を指摘しています（図3）。ここでは、これまでのSDGsの個々の目標に対応する発想から（個別目標としてのSDGs）、SDGs同士の関係性と複雑性に気づき（円環としてのSDGs）、さらには、動的で包括的な問題解決に向けた"力を持ち寄る協働"（統合的問題解決に向けたスパイラルとしてのSDGs）への発想の転換が求められていることを指摘しています。ここで重要なのは、SDGsを生かした学習と探究活動には高い親和性が見られることです。多様なものを関連づけながら、問題・課題の捉え直しをし、動的で包括的な問題解決をしていくには、問いの設定と問いの共有（社会化）、視点を得て、視座を高めることを通した学習と協働のスパイラル構造（図4）なしにはあり得ないということです。

図3　動的で包括的な問題解決に向けた、スパイラルとしてのSDGsへ（https://miraimedia.asahi.com/satomasahisa01/）

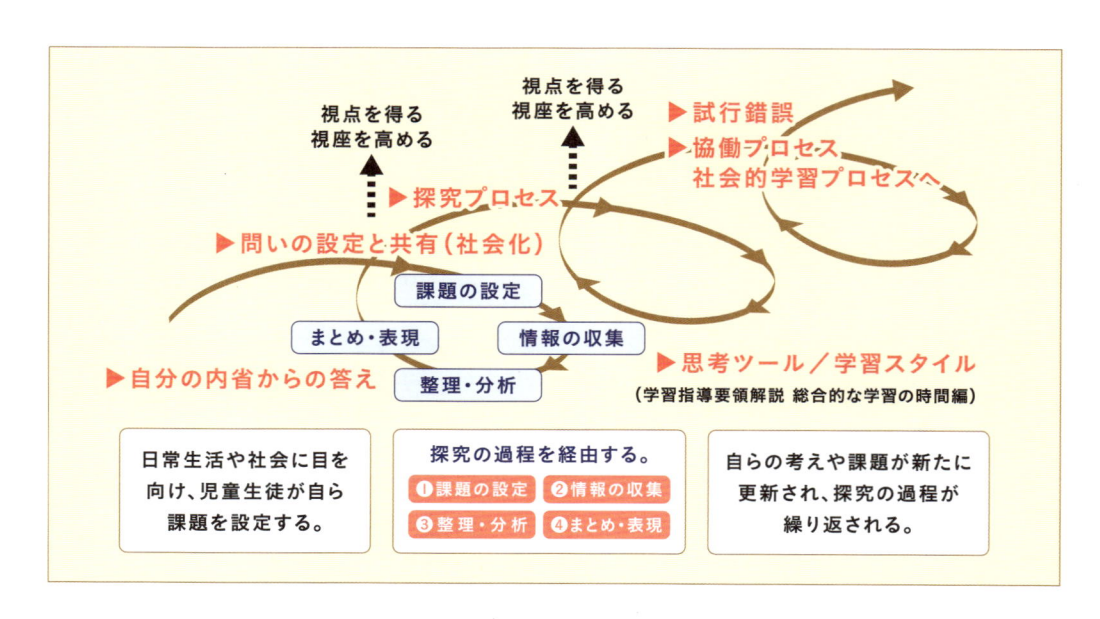

図4　探究活動に求められるスパイラル構造（文科省、2018に基づき筆者加筆修正）

5.探究活動を支えるアプローチ
── 異なる学習スタイルに基づくキャラクター設定

探究活動を支えるアプローチにおいては、先述の「子どもの探究活動を支えるアプローチ ── ESDレンズと、持続可能性キー・コンピテンシーに基づく問いの設定(P116)」もそのひとつです。加えて、本書では「SDGsのチャレンジストーリー」と題して、4人の生徒の挑戦が漫画として紹介されています。各キャラクターには、異なる学習スタイルを設定し、4人が力を持ち寄り協働する姿が描かれています。実際の学習活動においても、異なる学習スタイルを生かした探究活動が求められることと思われます。異なる学習スタイルを生かした探究活動は、まだ、十分に日本の学校現場で実践されていませんが、経験学習分野における学術研究(Kolb, 1984; 2001)などを通して、その重要性が指摘されています。

以下に、本書におけるキャラクターの背景にある異なる学習スタイルを提示しました。

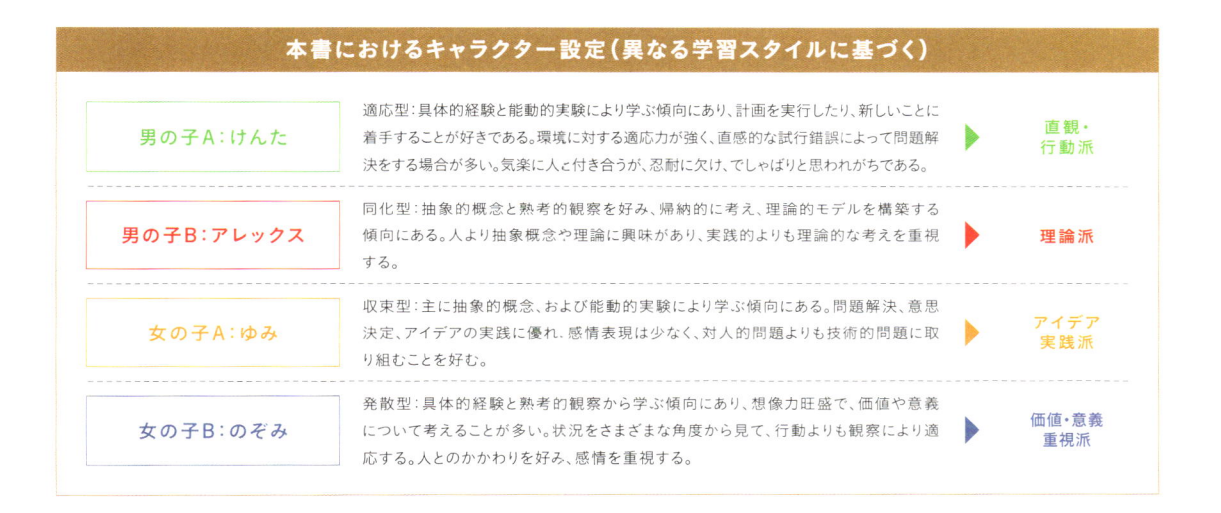

本書におけるキャラクター設定(異なる学習スタイルに基づく)

男の子A:けんた	適応型:具体的経験と能動的実験により学ぶ傾向にあり、計画を実行したり、新しいことに着手することが好きである。環境に対する適応力が強く、直感的な試行錯誤によって問題解決をする場合が多い。気楽に人と付き合うが、忍耐に欠け、でしゃばりと思われがちである。	直観・行動派
男の子B:アレックス	同化型:抽象的概念と熟考的観察を好み、帰納的に考え、理論的モデルを構築する傾向にある。人より抽象概念や理論に興味があり、実践的よりも理論的な考えを重視する。	理論派
女の子A:ゆみ	収束型:主に抽象的概念、および能動的実験により学ぶ傾向にある。問題解決、意思決定、アイデアの実践に優れ、感情表現は少なく、対人的問題よりも技術的問題に取り組むことを好む。	アイデア実践派
女の子B:のぞみ	発散型:具体的経験と熟考的観察から学ぶ傾向にあり、想像力旺盛で、価値や意義について考えることが多い。状況をさまざまな角度から見て、行動よりも観察により適応する。人とのかかわりを好み、感情を重視する。	価値・意義重視派

6.最後に

本文では、本書の活用に向けて、本書の特徴を紹介するとともに、探究活動を支えるアプローチについて述べてきました。本書は、既版本との連動を通して活用可能なものにする「パッケージ教材」としても位置づけています。さまざまなSDGs関連教材にかかわる関係者とのコラボレーションにより、既版本との連動を生かしてなにができるのかをまとめました。さらには、JICA東京の教師海外研修(テーマ:ESD/SDGs、筆者は学術アドバイザー)の参加教員の協力を仰ぎ、学校現場での教科との関連の可能性、学習活動とのつながりの可能性について寄稿いただきました。多くの教員が校種、教科を超えた本書の活用の可能性を指摘しています。

本書が、正解のない問いとともに生きる時代において、SDGsの関心・理解を深め、態度・行動・協働を促し、探究活動を深めることに役立つことを願ってやみません。待ったなしの時代、学習と協働を連動させる探究活動の充実が、持続可能な未来の構築に資すると確信しています。

参考になるSDGs関連書籍・教材

思考・探究・協働ツール

- 『田村学・黒上晴夫の「深い学び」で生かす思考ツール』 田村学・黒上晴夫 著(小学館)
- 『深い学びを育てる思考ツールを活用した授業実践』 田村学 著・京都市立下京中学校 編(小学館)
- 『一生使える探究のコツ 思考の手引き』 角屋重樹・田村学 監修(トモノカイ)
- 『一生使える探究のコツ 実践の手引き<基礎編>』 角屋重樹・田村学 監修(トモノカイ)
- 『自分ごとからはじめよう SDGs探究ワークブックー旅して学ぶ、サスティナブルな考え方』
  保本正芳・中西將之・池田靖章 著(noa出版)
- 『ソーシャル・プロジェクトを成功に導く12ステップ』 佐藤真久・広石拓司 著(みくに出版)

SDGs概要書・多様な教育実践事例・アイデア集

- 『知っていますか SDGs』 日本ユニセフ協会(さえら書房)
- 『SDGs 国連 世界の未来を変えるための17の目標ー2030年までのゴール』 日能研教務部 編(みくに出版)
- 『私たちがつくる持続可能な世界ーSDGsをナビにして』 (日本ユニセフ協会)
- 『未来を変える目標ーSDGsアイデアブック』 Think the Earth 編(紀伊國屋書店)
- 『基本解説ーそうだったのか。SDGs』 (SDGs市民社会ネットワーク)
- 『国際理解教育実践資料集』、『学校に行きたい!』、『ぼくら地球調査隊』、『どうなってるの?世界と日本』、『共につくる 私たちの未来』 (JICA)
- 『先生・ファシリテーターのための 持続可能な開発目標ーSDGs・アクティビティ集』、『8つのアクティビティでSDGsについて知り、自分ゴト化し、行動へつなぐ教材』、『私たちが目指す世界ー子どものための「持続可能な開発目標」』 (セーブ・ザ・チルドレン・ジャパン)
- 『パートナーシップでつくる私たちの世界／国連の新しい目標ー2030年に向けて(概要編)』、『パートナーシップでつくる 私たちの世界ー未来に向かってみんなで力を合わせて(事例編)』 (環境パートナーシップ会議)
- 『SDGs北海道の地域目標をつくろう2ーSDGs×先住民族』 (さっぽろ自由学校「遊」)
- 『持続可能な地域のつくり方ー未来を育む「人と経済の生態系」のデザイン』 筧裕介 著(英治出版)

SDGs専門書

- 『持続可能な開発目標とは何か:2030年へ向けた変革のアジェンダ』 蟹江憲史 編著(ミネルヴァ書房)
- 『SDGsの基礎』 事業構想大学院大学出版部 編(宣伝会議)
- 『SDGsの実践ー自治体・地域活性化編』 事業構想大学院大学出版部 編(宣伝会議)
- 『SDGs時代の教育:すべての人に質の高い学びの機会を』 北村友人 編著ほか(学文社)
- 『SDGsとまちづくり:持続可能な地域と学びづくり』 田中治彦 編著ほか(学文社)
- 『SDGsと開発教育:持続可能な開発目標ための学び』 田中治彦 編著ほか(学文社)
- 『SDGsと環境教育:地球資源制約の視座と持続可能な開発目標のための学び』 佐藤真久 編著ほか(学文社)
- 『環境教育と開発教育ー実践的統一への展望:ポスト2015のESDへ』 鈴木敏正 編著ほか(筑波書房)

- 首相官邸ー持続可能な開発目標(SDGs)推進本部　http://www.kantei.go.jp/jp/singi/sdgs
- 外務省ーJAPAN SDGs Action Platform　https://www.mofa.go.jp/mofaj/gaiko/oda/sdgs/index.html
- 国連(UN)ーSDGs公式サイト(英語)　https://www.un.org/sustainabledevelopment
- 国連(UN)ー持続可能な開発・ナレッジプラットフォーム(英語)　https://sustainabledevelopment.un.org/sdgs
- 国連広報センター(UNIC)　https://www.unic.or.jp
- 国連大学(UNU)ー国連大学と知るSDGs　https://jp.unu.edu/explore
- 国連教育科学文化機関(UNESCO)ーSDGs関連資料(教育者のための資料)(英語)

  https://en.unesco.org/themes/education/sdgs/material
- ユニセフ(UNICEF)ー学校のための持続可能な開発目標ガイド　https://www.unicef.or.jp/kodomo/sdgs
- 国際協力機構(JICA)ーSDGs(持続可能な開発目標)とJICA　https://www.jica.go.jp/aboutoda/sdgs/index.html
- 国際協力機構(JICA)地球ひろばーSDGs教材アーカイブ

  https://www.jica.go.jp/mobile/hiroba/teacher/material/index.html#a02
- ESD活動支援センター(環境省・文部科学省)　https://esdcenter.jp/
- 地球環境戦略研究機関(IGES)　https://archive.iges.or.jp/jp/sdgs/index.html
- ユネスコ・アジア文化センター(ACCU)ーユネスコスクール

  http://www.unesco-school.mext.go.jp/sprt.ersinfo/accu/
- 地球環境パートナーシッププラザ(GEOC)　http://www.geoc.jp/
- SDGs市民社会ネットワーク　https://www.sdgs-japan.net/
- 地方創生SDGs官民連携プラットフォーム　http://future-city.jp/
- グローバル・コンパクト・ネットワーク・ジャパン(GCNJ)　http://www.ungcjn.org
- 日本環境教育フォーラム(JEEF)　http://www.jeef.or.jp/
- 消費者教育支援センター(NICE)　https://www.consumer-education.jp/
- 開発教育協会(DEAR)　http://www.dear.or.jp/book/
- 全国地球温暖化防止活動推進センター(JCCCA)　https://www.jccca.org/
- 教育協力NGOネットワーク(JNNE)ー世界一大きな授業　http://www.jnne.org/gce/
- 日本ユネスコ協会連盟ー世界寺子屋運動／世界遺産活動・未来遺産運動／ESD　https://www.unesco.or.jp/
- Save the ChildrenーSDGsページ　https://www.savechildren.or.jp/lp/sdgs
- EduTown SDGs　https://sdgs.edutown.jp
- Think the Earth　http://www.thinktheearth.net/jp
- ETIC.ー社会課題解決中MAP　https://2020.etic.or.jp
- SDGs高校生自分ごと化プロジェクト　https://www.gyakubiki.net/sdgs
- グローバル教育推進プロジェクト(GiFT)　https://j-gift.org/
- 責任ある生活(PERL)(英語)　https://www.perlprojects.org/resources-and-publications.html

佐藤 真久 （さとう・まさひさ）

東京都市大学大学院 環境情報学研究科 教授

英国国立サルフォード大学にてPh.D取得（2002年）。地球環境戦略研究機関（IGES）の第一・二期戦略研究プロジェクト研究員、ユネスコ・アジア文化センター（ACCU）の国際教育協力シニア・プログラム・スペシャリストを経て、現職。現在、SDGsを活用した地域の環境課題と社会課題を同時解決するための民間活動支援事業委員長、国際連合大学サステイナビリティ高等研究所客員教授、UNESCO ESD-GAPプログラム（PN1:政策）共同議長、特定非営利活動法人ETIC.理事、責任ある生活についての教育と協働（PERL）国際理事会理事、JICA技術専門委員（環境教育）、IGESシニア・フェローなどを兼務。協働ガバナンス、社会的学習、中間支援機能などの地域マネジメント、組織論、学習・教育論の連関に関する研究を進めている。

認定NPO法人ETIC. （エティック）

ETIC.は、社会の未来をつくる人を育む認定NPO法人です。1993年の創業以来、政府や大学、大手企業、先輩経営者など、さまざまなプレイヤーと手を組みながら、大学生や20代の若者たちが「社会の課題や未来」について考え、実践する機会づくりを行っています。大学生を対象としたイノベーションスクール「MAKERS UNIVERSITY」、社会課題解決を目指す起業家支援プログラム「社会起業塾」などを通して、これまで1,500人以上の起業家を輩出してきました。

北村 友人 （きたむら・ゆうと）
東京大学大学院教育学研究科 准教授

国連教育科学文化機関（ユネスコ）、名古屋大学、上智大学を経て、現職。東京都教育委員も務めている。比較教育学を専門とし、カンボジアを中心にアジアの途上国における教育のあり方について研究を行っている。

上田 壮一 （うえだ・そういち）
一般社団法人シンク・ジ・アース 理事

2001年設立以来、クリエイティブの力で社会や環境課題への無関心を好奇心に変え、考え、行動するきっかけづくりを続けている。主な仕事に地球時計wn-1、携帯アプリ「live earth」、プラネタリウム映像「いきものがたり」、書籍『百年の愚行』『1秒の世界』『気候変動+2℃』『未来を変える目標 SDGsアイデアブック』ほか多数。多摩美術大学客員教授。

広石 拓司 （ひろいし・たくじ）
株式会社エンパブリック 代表

東京大学大学院薬学系修士課程修了。シンクタンク勤務後、2001年よりNPO法人ETIC.において社会起業家の育成に携わる。2008年株式会社エンパブリックを創業。「思いのあるだれもが動き出せ、新しい仕事を生み出せる社会」を目指し、社会課題解決型の事業開発や起業、活動立上に役立つツールと実践支援プログラムを開発・提供している。

古賀 聡子 （こが・さとこ）
JICA東京 教師海外研修／開発教育支援担当

1989年 JICA入職。研修事業部、青年海外協力隊事務局、医療協力部などを経験。中国ポリオ対策、中日医学教育、中日友好病院などの中国案件を多く担当。2004年から2007年までJICAザンビア事務所にて感染症対策事業を担当。トロント大学教育学修士課程修了、日本紛争予防センターケニア・ソマリア事務所勤務を経て、2015年～現職。

コメントを寄せてくださった先生方

新潟県立佐渡総合高等学校 **池亀元喜**／東京都立千早高等学校 **藤井宏之**／八丈町立富士中学校 **金丸恵美**／千葉市立有吉小学校 **大原淳**／文化学園長野中学・高等学校 **長田里恵**／埼玉県立大宮工業高等学校 **駒谷健介**／東京都立五日市高等学校 **中村俊佑**／新座市立第四中学校 **蓮池理之**／野田市立七光台小学校 **上園雄太**／川口市立小谷場中学校 **須賀与恵**／長野県長野高等学校 **竹村ゆかり**／東京都立大泉高等学校附属中学校 **玉腰朱里**／東京女子学園中学校・高等学校 **黒川八重**／村上市立保内小学校 **鈴木航太**／埼玉県立杉戸高等学校 **大塚由貴**／大田区立糀谷小学校 **吉田祥子**／野田市立柳沢小学校 **横田美紗子**／千葉市立稲毛中学校 **鎌田理子**／埼玉県立大宮中央高等学校 **仲田莉果**（順不同）

宣伝会議の出版物

各商品に関する詳しい情報はホームページをご覧ください。

SDGsの基礎知識を網羅

SDGsの基礎

SDGsの基本的な内容や成り立ち、政府の取り組みはもちろん、企業の取り組みも多数紹介。経営者・経営企画・CSR担当者から、新社会人、学生まで、SDGsに取り組むすべての方に向けた必読書。

事業構想大学院大学出版部 編
本体1,800円+税
ISBN 978-4-88335-441-2

地方自治体・地方創生に関わるすべての人へ

SDGsの実践 ～自治体・地域活性化編～

自治体職員や地域活性に取り組む地域企業の方々を念頭に、考え方や取り組み事例等を紹介。地方自治体としてSDGsを理解・活用したい、地域課題を解決する人材を育成したいという方におすすめ。

事業構想大学院大学出版部 編
本体1,800円+税
ISBN 978-4-88335-464-1

アイデアは地球を救う

希望をつくる仕事　ソーシャルデザイン

ソーシャルデザインとは、自分の「気づき」や「疑問」を「社会をよくすること」に結びつけ、そのためのアイデアや仕組みをデザインすること。そのアイデアを35の事例で紹介するソーシャルデザインの入門書。

ソーシャルデザイン会議実行委員会
編著
本体:1,500円+税
ISBN 978-4-88335-274-6

プレゼンも、スピーチも、質問も、もう怖くない

緊張して話せるのは才能である

緊張のピークが来る冒頭3分の攻略法、緊張してもあらゆる困った質問に対応できるマジックフレーズなど、「緊張の取り扱い方」を解説。プレゼンやスピーチを直前に控えた方におすすめの1冊。

永井千佳 著
本体1,800円+税
ISBN 978-4-88335-458-0

ボクらはコトづくりでチイキのミライをつくる

地域が稼ぐ観光

観光で地域が稼げるようになるには？ 体験をベースとした観光プログラム、行政との連動など、地域に適正にお金が落ちる仕組みをつくり、全国で実践してきた著者の「地域が稼ぐ」ノウハウをまとめた1冊。

大羽昭仁 著
本体1,800円+税
ISBN 978-4-88335-444-3

都市と市民のかかわりをデザインする

シビックプライド2 【国内編】

いま、地域活性の切り札として注目を集める「シビックプライド」について、国内の注目事例から具体的な手法を紹介。「都市に対する市民の誇り」を醸成するためにはどうしたらいか。地域活性のポイントを徹底解説。

シビックプライド研究会 編著
本体:1,900円+税
ISBN 978-4-88335-328-6

未来の授業

私たちのSDGs探究BOOK

発 行 日	2019年10月25日　初版第一刷発行
発 行 者	東 彦弥
発 行 所	株式会社宣伝会議
	〒107-8550　東京都港区南青山3-11-13
	Tel.03-3475-3010（代表）
	https://www.sendenkaigi.com/

監　　修	佐藤真久
編集協力	認定NPO法人ETIC.
協　　力	一般社団法人 大阪青年会議所
	独立行政法人 国際協力機構（JICA）
	株式会社電通 電通ビジネスデザインスクエア
制作進行	株式会社広瀬企画
マ ン ガ	柏原昇店
イラスト	ながたかず
印刷・製本	図書印刷株式会社

ISBN 978-4-88335-475-7　C0036